俞樾諸子平議云北字衍文文選注有北字而李善注引李斯上書曰惠王用張儀之計西并巴蜀南取漢中東據成皋之險割膏腴之壤亦無北字蓋要害之郡即指成皋之險在東不在北則當從史記無北字

藝文類聚帝王部一引衡作横趙作楚

新書　卷一

巴蜀東割膏腴之地北收要害之郡（史記無北字）諸侯恐懼同盟而謀弱秦（史記作會）不愛珍器重寶肥饒之地以致天下之士合從締交相與爲一當此之時（潭本無之字）齊有孟嘗趙有平原楚有春申魏有信陵此四君者（潭本作賢）君皆明智而忠信寬厚而愛人尊賢重士約從離衡（建本作連衡非今從潭本與始皇本紀合）兼韓魏燕趙宋衞中山之衆（建本脱兼字潭本燕趙作燕楚齊趙與始皇本紀同）於是六國之士有甯越徐尚蘇秦杜赫之屬爲之謀主（史記無主字）齊明周最陳軫召滑（始皇本紀作昭滑潭本同）樓緩翟景蘇厲樂毅之徒通其意吳起孫臏帶佗倪良王廖田忌廉頗趙奢之朋

浙江大學圖書館藏《抱經堂叢書》本《新書》卷一中的戴望批校之一

類聚師
類聚(逃)遁
類聚無而字

制其兵史記作倫服肯以什倍之地百萬之衆潭本從陳涉世家作
師仰關而攻秦始皇本紀作叩關潭本作扣關小司馬謂仰字是秦人開關
延敵九國之師逡遁而不敢進逡遁與逡巡同建本尚不誤潭本則從始皇本
紀訛本作逡巡遁逃案陳涉世家但作遁逃亦誤秦無亡矢遺鏃之費而天
下諸侯已困矣於是從散約解爭割地而賂秦秦有
餘力而制其弊追亡逐北伏尸百萬流血漂櫓因利
乘便宰割天下分裂山河彊國請伏史記作服弱國入
朝施及孝文王莊襄王享國日淺潭本享國下有之字與陳涉世家合
國家無事及至始皇奮六世之餘烈振長策而御宇
內吞二周而亡諸侯履至尊而制六合執搞朴以鞭

浙江大學圖書館藏《抱經堂叢書》本《新書》卷一中的戴望批校之二

也此所謂三廟即所謂三寢 莊三十二年公羊傳注曰天子諸侯皆有三寢一曰高寢二曰路寢三曰小寢父居高寢子居路寢孫從王父母妻從夫寢夫人居小寢其所說略同而謂孫從王父母似不若此書所言之善矣

俞云此當作數加於少而度出於小方与下文相貫言數之多者由少而加度之大者從小而出若作居字則不可通矣 御覽工藝部七引無此句

御覽度下無始字

御覽天下下無事字

其亂何爲三廟上室爲昭中室爲穆下室爲孫嗣令子各以其次上下更居句三廟以別句親疏有制句喪服稱親疏以爲重輕親者重疏者輕故復有麤衰齊衰大紅細紅緦麻備六大紅細紅即大功小功也各服其所當服夫服則有殊此先王之所以禁亂也數度之道以六爲法數加於少而度出於居建本少作小非居疑當作多數度之始始於微細有形之物莫細於毫是故立一毫以爲度始十毫爲髮十髮爲氂十氂爲分十分爲寸十寸爲尺備於六故先王以爲天下事用也事之以六爲法者不可勝數也此所言六舊本有尺字以効事之盡

浙江大學圖書館藏《抱經堂叢書》本《新書》卷八中的張文虎批校之一

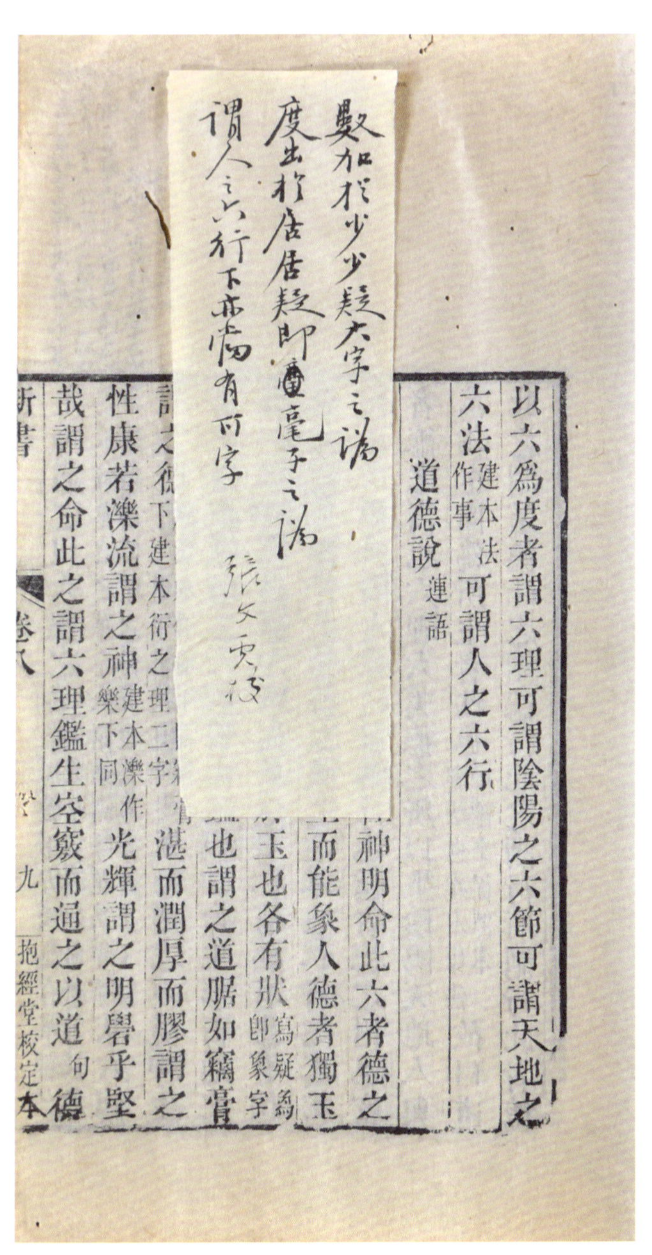
以六爲度者謂六理可謂陰陽之六節可謂天地之
六法建本法作事可謂人之六行
道德說連語
神明命此六者德之
而能象人德者獨玉
玉也各有狀寫疑爲卽象字
也謂之道腒如竊膏
謂之德下建本衍之理二字
湛而潤厚而膠謂之
性康若濼流謂之神建本濼作樂下同光輝謂之明礐乎堅
哉謂之命此之謂六理鑑生空竅而通之以道句德
新書　卷八　九　抱經堂校定本
數加於少少疑大字之誤
度出於居居疑卽亹字之誤
謂人之六行下亦當有可字
張文虎校

浙江大學圖書館藏《抱經堂叢書》本《新書》卷八中的張文虎批校之二

盧校叢編　陳東輝　主編

新書

〔西漢〕賈誼　撰

浙江大學出版社

浙江大學出版社據清乾隆
四十九年刻抱經堂叢書本
影印原書框高一八一毫米
寬一三三毫米

《盧校叢編》出版説明

陳東輝

清代校勘學興盛，名家輩出，盧文弨、顧千里、戴震、錢大昕、阮元、段玉裁、王念孫、王引之、孫詒讓、俞樾等均成績卓著，由此產生了一批歷代典籍的精校精刻本，至今仍有重要參考價值。

盧文弨（一七一七—一七九六），初名嗣宗，後改名文弨，字紹弓（一作召弓），號磯漁（又號檠齋），晚年更號弓父（弓甫）。其堂號曰抱經堂，人稱抱經先生。其祖籍浙江餘姚，明代遷居於仁和（今杭州）。盧文弨乃清代乾嘉時期之著名學者，學識博洽，著述宏富。他的門生臧庸對他推崇備至，曰：『盧抱經學士，天下第一讀書人也。』[一]他在學術上的最大成就，在於校勘古書。據統計，盧氏所鈔校題跋的書籍多達三百五十二種，其中經部八十二種，史部七十種，子部一百零六種，集部九十四種。[二]

他與當時著名考據學家戴震、王念孫、段玉裁交往較多，並深受他們的影響。他大倡實學，尤好校書，聞有善本，必借抄録。其校勘方法，以訓詁爲主，重視舊本，多方參驗，頗下功力。誠如錢大昕所云：

學士盧抱經先生精研經訓，博極群書，自通籍以至歸田，鉛槧未嘗一日去手。奉廩修脯之餘，悉以購書。遇有祕鈔精校之本，輒宛轉借録。家藏圖籍數萬卷，皆手自校勘，精審無誤。凡所校定，必參稽善本，證以它書，即友朋後進之片言，亦擇善而從之，洵有合於顔黄門所稱者，自宋次道、劉原父、貢父、樓大防諸公，皆莫能及也。[三]

盧文弨將畢生精力獻給了他所鍾愛的校勘古書事業，堪稱以學術爲生命之典範。張舜徽對盧氏之評價有畫龍點睛之妙，他説：（盧文弨）『屏絶人世一切之好，終身以校之，所校書爲最多，裨益於士林亦最巨。』[四]翁方綱謂其『專詳於所訂諸書者，校讎經籍之功，近世儒林之所少也』[五]。吴騫云：『舜江盧紹弓學士性敏達而好學，一生手不停披。凡經史百家之書，無不句讎字勘，丹黄粲然，且無一懈筆。幾忘寢饋。聞人有異書，必宛轉假録，遇亥豕則爲校正而歸焉，人亦樂以借之。』[七]嚴元照曰：『抱經先生喜校書。自經傳、子史，下逮説部、詩文集，凡經披覽，無不丹黄者。即無別本可勘同異，必爲之釐正字畫然後快。嗜之至老逾篤，自笑如猩猩之見酒也。』[八]周中孚云：『抱經家藏羣書，皆手自校勘，精審無誤。凡所校定，必參稽善本，證以他書，即友人後進之片言，亦擇善而從之。』[九]

錢泳指出：（盧文弨）『平生最喜校正古籍，爲鍾山書院山長，其所得館穀大半皆以刻書，如《春秋繁露》、賈子《新書》、《白虎通》、《方言》、《西京雜記》、《釋名》、《顏氏家訓》、《獨斷》、《經典釋文》、《孟子音義》、《封氏見聞録》、《三水小牘》、《荀子》、《韓詩外傳》之類，學者皆稱善本。』[十]丁丙曰：『校勘之學，至乾嘉而極精，出仁和盧抱經、吴縣黄蕘圃、陽湖孫淵如之手者，尤讎校精審。』[十一]

劉咸炘認爲盧文弨『爲功後學不小。經疏校正，猶非罕見，然創始之功已不可没。阮校以盧爲藍本』[十二]。王欣夫對盧文弨給予高度評價，說：『他在校讎方面付出了辛勤的勞動，取得了卓越的成就，數清代校讎專家，當推他是第一流。』[十三]葉樹聲提到：『盧文弨校書兩百三十多種，上至經史，下逮詩文，無不丹黄。其校最多，裨益於士林也最大。』[十四]曾貽芬認爲：『盧文弨的校勘成果主要體現在他所校刻的諸書中，然而在他所自爲書的《羣書拾補》中，有關校勘的內容仍占有相當的篇幅，而且還很集中。《抱經堂文集》則包含有不少有關校勘原則的精闢論述。盧文弨校勘精審，《羣書拾補》中的不少校勘成果，已被後人採納。』[十五]傅璇琮贊曰：『盧文弨一生校定的古籍，鏤版行世的如《經典釋文》、《逸周書》、《賈誼新書》、《春秋繁露》等等，都是流傳不衰的佳書，他的《羣書拾補》，其精審的校勘更是某些浮言空論所不能望其項背的。』[十六]楊軍、曹曉雲對盧文弨甚爲推崇，指出：『盧氏校勘極精，頗多特見，學識深厚，可資參考者多而大抵皆有據，非如俗人之妄論。然撲塵掃葉，難免偶疏，誠所謂千慮之失，不可苛責。《釋文》多歷竄亂，非一人之力可治，而盧氏之校，寔陸元朗之功臣也。』[十七]張之洞的《書目答問》在列舉清代校勘之學家時曰：『諸家校刻書，並是善本，是正文字，皆可依據。戴、盧、丁、顧爲最。』[十八]盧文弨在校勘學領域取得了傑出成就，同時在目録學、版本學、訓詁學、文字學、音韻學、辨僞學、輯佚學等方面亦頗有造詣。

盧文弨所編纂的《抱經堂叢書》乃盧氏自校，向以校勘精善、質量上乘而著稱於世，乃中國歷史上最有影響的叢書之一，是當之無愧的精校精刻本，深受學者關注與好評。孫詒讓贊曰：『盧所校者尤衆，其刻《抱經堂叢書》數十種最爲善本。』[十九]繆荃孫在論及清代乾嘉時期叢書編刻盛況時説：『有志在傳古，校讐最精者，如盧學士之《抱經堂》是也。』[二〇]梁啓超在論及清代學者整理舊學之成績時曰：『校釋諸子（或其他古籍）之書，薈萃成編最有價值者：其一，爲盧抱經之《羣書拾補》。抱經所校各書，有多種已將新校本刻出；剩下未刻者，有許多校語批在書眉，把它匯成此書。』[二一]傅增湘則謂『《抱經堂叢書》尤精博』，『奄有諸家之長，而無其短』[二二]。《增訂四庫簡明目録標注》注明《抱經堂叢書》『甚佳』[二三]。中華書局編輯部編的《叢書集成初編總目索引》中的《叢書百部提要》有云：（盧文弨）『每校一書，必搜羅諸本，反覆鈎稽。乾隆間，彙刊所校漢唐人書及所著札記文集，爲《抱經堂叢書》。其卓識宏議，見於盧氏自爲各書序跋。版式雅飭，鐫印俱精。』[二四]洪湛侯的《百部叢書集成研究》指出：『《抱經堂叢書》所收這些重要校本，大抵以舊本爲依據，却不迷信舊本，依據宋本又不惟宋是從，態度極爲認真。……盧文弨這些校勘成果，對於後代的古文獻研究者，幫助極大。』[二五]潘美月在《清代私家刊本特色》一文中提到：『刊刻叢書乃清代私家刻書之最大特色。……故清代私家刻書以校讎爲主者，當首推盧文弨之刻《抱經堂叢書》。』[二六]

《抱經堂叢書》有清乾隆嘉慶間刻彙印本[二七]，以及民國十二年（一九二三）北京直隸書局影印清乾隆嘉慶間刻本。一九六八年，臺灣藝文印書館又據清乾隆嘉慶間刻本影印（其中的《春秋繁露》、《獨斷》二書改用其它叢書的最佳版本，并新增了《三水小牘》之《逸文》），從而使其成爲該館出版的嚴一萍選輯的《百部叢書集成》（與《叢書集成初編》不同，《百部叢書集成》對所收各叢書加以整部影印，并且不重新分類編排）之一種。

《抱經堂叢書》包括《經典釋文》、《儀禮注疏詳校》、《逸周書》、《白虎通》、《輶軒使者絶代語釋别國方言》、《荀子》、《新書》、《春秋繁露》、《顔氏家訓》、《羣書拾補》、《西京雜記》、《獨斷》、《三水小牘》、《鍾山札記》、《龍城札記》、《解春集文鈔》、《抱經堂文集》等十七種子目書。《抱經堂叢書》受到廣大學者的高度重視，一直在古籍整理研究工作中發揮着重要作用，已有多種古籍整理點校著作將《抱經堂叢書》本作爲底本或參校本。如質量甚高的王利器的《顔氏家訓集解》（中華書局二〇一三年版），即以盧文弨校定《抱經堂叢書》本《顔氏家訓》爲底本。吴雲、李春臺校注的《賈誼集校注》（天津古籍出版社二〇一〇年版）中的主體部分，也就是《賈子新書》，以盧文弨校定《抱經堂叢書》本《新書》爲底本。同時，吴士鑑的《晉書斠注》（吴興劉氏嘉業堂一九二八年刻本），（清）郭慶藩的《莊子集釋》（中華書局一九六一年版），（清）王先謙的《荀子集解》（中華書局一九八八年版），（清）王先慎的《韓非子集解》（中華書局一九九八年版），（清）蘇輿的《春秋繁露義證》（中華書局一九九二年版），楊伯峻的《列子集釋》（中華書局一九七九年版），張純一的《晏子春秋校注》（中華書局二〇一四年版），劉文典的《莊子補正》（中華書局二〇一五年版），朱季海的《説苑校理 新序校理》（中華書局二〇一一年版），徐小蠻、顧美華點校的《直齋書録解題》（上海古籍出版社一九八七年版），任繼昉纂的《釋名匯校》（齊魯書社二〇〇六年版）等，均吸收了盧文弨的相關校勘成果。再則，華東師範大學《子藏》編纂中心編的《子藏·道家部·列子卷》（國家圖書館出版社二〇一三年版）收録了《抱經堂叢書》本《羣書拾補》中的《列子張湛注校正》，《子藏·法家部·韓非子卷》（國家圖書館出版社二〇一四年版）收録了《抱經堂叢書》本《羣書拾補》中的《韓非子校正》，《子藏·道家部·莊子卷》（國家圖書館出版社二〇一一年版）收録了《抱經堂叢書》本《經典釋文》中的《莊子音義考證》。

綜合考慮學術價值、讀者需求、已有相關出版物等因素，我們將《抱經堂叢書》中的《白虎通》、《春秋繁露》、《新書》、《逸周書》等四種子目書，作爲《四部要籍選刊·盧校叢編》之首批出版品。上述四種書均係中華傳統文化之基本典籍，我們據清乾隆嘉慶間刻《抱經堂叢書》本影印。同時，浙江大學圖書館所藏《抱經堂叢書》本《白虎通》、《春秋繁露》、《新書》、《逸周書》，有晚清著名學者孫詒讓以及戴望、張文虎之批校，極其珍貴。我們將其中有批校的頁面彩色影印，作爲彩插置於卷前。如此，可以給廣大讀者提供更多的參考，也可以增强《四部要籍選刊·盧校叢編》之學術價值。此外，衷心感謝我的研究生閆方舟同學協助我編製上述四種書的目録！

此前，筆者曾主持《盧文弨全集》的整理校點，前後歷時十一年，對現存盧文弨著述進行了全面而系統的整理。《盧文弨全集》是作爲『浙江文化研究工程』重要組成部分的《浙江文獻集成》之一種，列入『二〇一一—二〇二〇年國家古籍整理出版規劃』，並成功入選『二〇一五年度國家古籍整理出版專項經費資助項目』，已由浙江大學出版社於二〇一七年出版。同時，筆者曾對盧文弨及相關清代學者進行過專門研究，已出版《清代學術與文化新論》等專著，主編《清代學者研究論著目録初編》和《清代學者研究論著目録續編》等工具書。因此，《盧校叢編》的整理出版，對於擔任主編的筆者個人而言，可以視爲清代學術史、古典文獻學研究之延續和拓展；對於出版社來説，可以看作《盧文弨全集》的衍生出版物。

注

［一］（清）臧庸：《拜經堂文集》卷三《與顧子明書》，載《續修四庫全書》第一四九一册，上海古籍出版社一九九五—二〇〇二年版，第五七五頁。

［二］參見陳修亮編著：《盧文弨鈔校題跋本目録》，載陳東輝主編：《盧文弨全集》第十五册《附録上編》，浙江大學出版社二〇一七年版，第三七三—四七六頁。

［三］（清）錢大昕：《潛研堂文集》卷二十五《盧氏羣書拾補序》，載陳文和主編：《嘉定錢大昕全集》（增訂本）第九册，凤凰出版社二〇一六年版，第三八八頁。

［四］張舜徽：《廣校讎略》卷四，載張舜徽《廣校讎略 漢書藝文志通釋》，華中師範大學出版社二〇〇四年版，第七六頁。

［五］（清）翁方綱：《皇清誥授朝議大夫前日講起居注官翰林院侍讀學士抱經先生盧公墓誌銘》，載陳東輝主編：《盧文弨全集》第十五册《附録上編・有關墓誌傳記・墓誌類》，浙江大學出版社二〇一七年版，第一三頁。

［六］（清）吴騫：《拜經樓詩話》卷三，載《續修四庫全書》第一七〇四册，上海古籍出版社一九九五—二〇〇二年版，第一二九頁。

［七］（清）吴騫：《愚谷文存續編》卷一《抱經堂集序》，載《清代詩文集彙編》第三八〇册，上海古籍出版社二〇一〇年版，第三二八頁。

［八］（清）嚴元照：《悔菴學文》卷八《書盧抱經先生札記後》，載《清代詩文集彙編》第五〇八册，上海古籍出版社二〇一〇年版，第五五一頁。

［九］（清）周中孚著，黄曙輝、印曉峰標校：《鄭堂讀書記》卷五十五，上海書店出版社二〇〇九年版，第九〇五頁。

［十］（清）錢泳撰，張偉點校：《履園叢話》六，中華書局一九七九年版，第一四六頁。

［十一］（清）丁丙：《善本書室藏書志》，載《續修四庫全書》第九二七册，上海古籍出版社一九九五—二〇〇二年版，第六八八頁。

［十二］劉咸炘：《内景樓檢書記·子類》，載劉咸炘：《推十書》（增補全本）丁輯，上海科學技術文獻出版社二〇〇九年版，第五八六頁。

［十三］王欣夫：《文獻學講義》，上海古籍出版社一九八六年版，第四二四頁。

［十四］葉樹聲：《乾嘉校勘學概説》，《安徽大學學報》（哲學社會科學版）一九八九年第四期，第一〇五頁。

［十五］曾貽芬：《試論盧文弨、顧廣圻的校勘異同及其特點》，《史學史研究》一九九七年第四期，第五七頁。

［十六］傅璇琮：《盧文弨與〈四庫全書〉》，載傅璇琮：《濡沫集》，北京聯合出版公司二〇一三年版，第六〇頁。

［十七］楊軍、曹曉雲：《〈經典釋文〉文獻研究述論》，《合肥師範學院學報》二〇一五年第四期，第四頁。

［十八］（清）張之洞撰，范希曾補正：《書目答問補正》，上海古籍出版社二〇〇一年版，第二六七頁。

［十九］孫延釗輯，張憲文整理：《孫詒讓序跋輯録》，《文獻》一九八六年第一期，第一八五頁。

［二十］繆荃孫：《藝風堂文集》卷五《積學齋叢書序》，載《續修四庫全書》第一五七四册，上海古籍出版社

一九九五—二〇〇二年版，第九八頁。

［二一］梁啓超：《中國近三百年學術史》，商務印書館二〇一一年版，第二七七頁。

［二二］傅增湘：《藏園群書題記》附録二《抱經堂彙刻書序》，上海古籍出版社一九八九年版，第一〇六七頁。

［二三］（清）邵懿辰撰，邵章續録：《增訂四庫簡明目録標注》，上海古籍出版社二〇〇〇年版，第五五一頁。

［二四］中華書局編輯部編：《叢書集成初編總目索引》，中華書局二〇一二年版，第二三頁。

［二五］洪湛侯：《百部叢書集成研究》，臺灣藝文印書館二〇〇八年版，第一三八頁。

［二六］潘美月：《龍坡書齋雜著——圖書文獻學論文集》，載《古典文獻研究輯刊》十三編，臺灣花木蘭文化出版社二〇一一年版，第四九五—四九六頁。

［二七］上海圖書館編的《中國叢書綜録》（上海古籍出版社一九八二年版）等工具書以及有關論著，將《抱經堂叢書》之版本著録爲『清乾隆嘉慶間餘姚盧氏刊本』或『清乾隆嘉慶間餘姚盧氏抱經堂刊本』，應該説是不够準確的，因爲該叢書中的盧文弨、謝墉校補的《荀子》二十卷《校勘補遺》一卷，係清乾隆五十一年（一七八六）嘉善謝氏所刻。

前言

《新書》又名《賈子》、《賈子新書》、《賈誼新書》等，乃西漢著名思想家賈誼（前二〇〇—前一六八）之代表作，集中體現了其政治哲學思想。

《漢書·藝文志》著録『《賈誼》五十八篇』，今本爲五十六篇。《隋書·經籍志》作『《賈子》十卷』，《舊唐書·經籍志》則作『《賈子》九卷』，《新唐書·藝文志》始稱『《賈誼新書》十卷』。孫詒讓對《新書》之命名進行過專門考證，曰：

『新書』者，蓋劉向奏書時所題，凡未校者爲故書，已校定可繕寫者爲新書，楊倞注《荀子》，末載舊本目録，劉向《叙録》前題『《荀卿新書》十二卷三十二篇』，殷敬順《列子釋文》亦載舊題云『《列子新書目録》』，又引劉向上《管子》奏稱『《管子新書目録》』，足證諸子古本舊題大氏如是，若然，此書隋、唐本當題『《賈子新書》』，蓋『新書』本非賈書之專名，宋、元以後，諸子舊題删易殆盡，惟《賈子》尚存此二字，讀者不審，遂以『新書』專屬之《賈子》，校槧者又去《賈子》而但稱『新書』，展轉譌省，忘其本始，殆不可爲典要。[一]孫氏所云言簡意賅，令人信服。

關於《新書》的真實性以及與《漢書》之關係，歷來有不同看法，不過目前大多數學者認同余嘉錫之説。余嘉錫在《四庫提要辨證》中對相關問題作了詳盡而精審的考辨，認爲『陳振孫謂決非賈本書，固爲無識，即《提要》調停之説，以爲不全真亦不全僞者，亦尚考之未詳也』[二]，其結論爲《新書》決非僞書，並且不是《新書》抄《漢書》，而是《漢書》抄《新書》。

閻振益、鍾夏在余嘉錫之基礎上，又從版本情況、内容情況、僞託的一般情況等三個方面進行了仔細考察，指出：『總之，根據前人的辨證以及我們的補述，可以肯定，傳世《新書》没有作僞的確證，是可信的真本。』[三]

潘銘基以賈誼《新書》及其互見文獻作爲考察對象，摘取《新書》之常用詞彙，以及獨見《新書》之詞彙，利用排比對讀之法，從詞彙學角度探究賈誼《新書》之真僞，得出如下結論：

《新書》各篇文章當爲賈誼作品，唯至賈生離世之時，尚未結集成書。其後學遂將遺文重新編輯，因成《漢書·藝文志》之『《賈誼》五十八篇』。今所見《新書》各篇文章，撰成年代不一，所闡發的思想亦呈現不同程度的差異，但皆保留西漢初年賈誼的思想。書中詞彙豐富多姿，且有不少獨用詞彙，則全書雖有未能盡善之處，仍不失爲反映兩漢語言之重要典籍。[四]

《新書》有程漕使本、潭州本、建寧本以及陳振孫所見本等四種宋刻本，均已亡佚，不過《抱經堂叢書》本保存了南宋時所刻的潭州本、建寧本之異文。《新書》現存的明清版本主要有明弘治十八年（一五〇五）沈頡刻本、明正德八年（一五一三）李夢陽刻本（書名爲《賈子》）、明正德九年（一五一四）陸相刻本、明正德十年（一五一五）吉府刻本、明正德十四年（一五一九）刻何孟春訂注本（書名爲《賈太傅新書》）、明萬曆胡維新輯刻《兩京遺編》本、明萬曆程榮輯刻《漢魏叢書》本、明萬曆何允中輯刻《廣漢魏叢書》本、清乾隆王謨輯刻《增訂漢魏叢書》本、《四庫全書》本、清乾隆四十九年（一七八四）盧文弨校刻《抱經堂叢書》本（上海圖書館藏本有清黄丕烈校，张元濟、傅增湘、趙萬里、顧頡剛、容庚跋，葉恭綽、趙尊嶽、吴湖帆、商承祚、徐中舒、葉景葵、張乃熊、陳清華、王禔、徐乃昌、姚光、瞿鳳起觀款）等。李書瑋的《賈誼〈新書〉版本流變述略》[五]對《新書》的版本源流作了梳理，可以參閲。

《抱經堂叢書》本《新書》十卷（漢賈誼撰，清盧文弨校），以南宋潭州本、建寧本爲底本，以沈頡、李夢陽、陸相、程榮、何允中、趙曦明諸校本爲參校本，詳注各本異同。該刻本原書框高一八一毫米，寬一三三毫米，每半葉十行，行二十字，小字雙行同，白口，單黑魚尾，左右雙邊。

盧文弨爲校刻《抱經堂叢書》本《新書》作了長期、認真準備。對於明萬曆何允中輯刻《廣漢魏叢書》本《新書》，盧文弨曾於乾隆二十一年（一七五六）以明萬曆程榮輯刻《漢魏叢書》本校，乾隆四十四年（一七七九）以明弘治十八年（一五〇五）沈頡刻本再校，乾隆四十五年（一七八〇）以宋本三校。目前該盧校本保存在南京圖書館。盧文弨在《書校本賈誼新書後》中，就相關情況作了具體闡述，曰：

《新書》，非賈生所自爲也，乃習於賈生者萃其言以成此書耳，猶夫《管子》、《晏子》非管、晏之所自爲，然其規模節目之間，要非無所本而能憑空撰造者。……此乃《漢魏叢書》中本。近借得前明兩刻本：一是宏治乙丑吴郡沈頡刻本，校者爲毛斧季；又一刻本，雖無沈頡名，而其實即是沈本，爲之校者吴元恭也。兩校皆據宋本是正。今觀宋本科段字句有絶佳者，而譌脱處亦致不少，兩君一無持擇，疎矣。又有明正德年一刻本，題爲《賈子》，與宋本相出入。有欽遠猷者，合郴陽何燕泉本、長沙本、武陵本而爲之審定，以去非從是，其勤甚矣，而義亦不能盡得。其閒有爲後人出己意增竄者，誦之頗似順口，而實非也。余殫旬日之勞，合三本以校是書，其不可讀者不及十之一焉，有所因則易見功也。宋以前所增竄者，疑亦不少，此則不敢去，恐其錫穮及米也。捨宋本而從别本者，著之；意有疑者，亦著之。若專輒而改舊所傳，則吾豈敢。[六]

《抱經堂叢書》本堪稱迄今爲止《新書》各版本中的最佳刻本，歷來頗受重視和好評。鄭珍謂其『最爲慎當』[七]，陸心源贊其『洵可謂善本矣』[八]。《增訂四庫簡明目録標注》在《新書》條中注明：『抱經堂刊本，佳。』[九]此外，吴雲、李春臺校注的《賈誼集校注》[十]中的主體部分，即《賈子新書》，也以盧文弨校定《抱經堂叢書》本《新書》爲底本。

當然，抱經堂本《新書》在校勘等方面也存在一些不足之處。孫詒讓曾就《新書》作過校勘、考辨，對盧校有所補充、訂正，[十一]雖然未必條條在理，不過就總體而言具有重要價值，可供閱讀、使用《抱經堂叢書》本《新書》時參考。

此次出版的《新書》，據清乾隆四十九年（一七八四）盧文弨校刻《抱經堂叢書》本影印。同時，浙江大學圖書館所藏《抱經堂叢書》本《新書》，有晚清著名學者戴望、張文虎之批校，極其珍貴。此次出版，將其中有批校的頁面彩色影印，作爲彩插置於卷前，以便給廣大讀者提供更多的參考。

陳東輝

二〇二一年三月謹誌於浙江大學漢語史研究中心

注

［一］（清）孫詒讓著，雪克、陳野點校：《札迻》卷七《賈子新書》條，中華書局二〇〇九年版，第二四九—二五〇頁。

［二］余嘉錫：《四庫提要辨證》，中華書局一九八〇年版，第五五一頁。

［三］閻振益、鍾夏：《〈新書校注〉前言》，載（漢）賈誼撰，閻振益、鍾夏校注：《新書校注》卷首，中華書局二〇〇〇年版，第四頁。

［四］潘銘基：《從詞彙學的角度論賈誼〈新書〉的真僞》，《諸子學刊》二〇一九年第二期，第二二九頁。

［五］《圖書館工作與研究》二〇〇七年第二期。

［六］（清）盧文弨：《抱經堂文集》卷十《書校本賈誼新書後》，載陳東輝主編：《盧文弨全集》第八册，浙江大學出版社二〇一七年版，第一九一—一九二頁。

［七］（清）鄭珍著，黄萬機等點校：《鄭珍全集》第六册《巢經巢文集》卷二《題移寫〈賈子新書〉盧氏校本》，上海古籍出版社二〇一二年版，第四八六頁。

［八］（清）陸心源：《善本書室藏書志》卷十五《新書》，載《續修四庫全書》第九二七册，上海古籍出版社一九九五—二〇〇二年版，第三三〇頁。

［九］（清）邵懿辰撰，邵章續録：《增訂四庫簡明目録標注》，上海古籍出版社二〇〇〇年版，第三七九頁。

[十]天津古籍出版社二〇一〇年版。

[十一]參見（清）孫詒讓著，雪克、陳野點校：《札迻》卷七《賈子新書》條，中華書局二〇〇九年版，第二五〇—二五六頁。

目録

卷四

卷五

卷六

卷七

卷八

卷九

賈誼新書
春秋繁露

漢兩大儒書

抱經堂藏版

校刻賈子董子序

抱經盧先生手校賈子董子之書先後授之梓人既成以示唐曰此漢兩大儒之遺言也我於校讎之任嘗盡心矣子其可序之唐觀劉向之稱賈生以爲伊管未能遠過而推董子爲王佐之才卽先生之序賈子所謂西漢兩大儒皆以經生而通達治體者唐固無庸復贅惟是先生校正之意竊嘗獲聞緒論知其出於至慎而不苟請得爲讀者告焉夫古書之傳於今也大都不能無誤後人欲從而校正之必確有可據始不蹈妄改古書之失非是則闕疑焉可也二子

之言漢史既錄於志傳復著其篇目於藝文中所謂儒家者流賈誼五十八篇春秋公羊家董仲舒治獄十六篇儒家者流董仲舒百二十三篇是也歷魏晉缺佚隋唐史志有賈誼新書十卷董仲舒春秋繁露十七卷乃後人掇拾而成今世所傳唯此而已閒嘗取漢史以攷新書知志傳所載奏疏五篇已析爲二十餘篇而繁簡各異傎到失次者殆無一篇不然夫史家纂錄不能不從删併要必略依本文之序未有言不以序而能成文者故此繁彼簡可曰誼書固然若前後傎到則決不然矣而既離析其篇章則有誼

本一篇而後人二之如宗首之與親疏危亂篇者至
政事疏慎取舍之文顧闕而不見故新書之五十八
篇非卽漢志之五十八篇也繁露之對膠東王問卽
仲舒傳之對江都王問餘俱不見於漢史然傳言仲
舒說春秋事得失聞舉玉杯蕃露清明竹林之屬數
十篇當卽公羊治獄十六篇而上疏條教百二十三
則儒家所列也蓋藝文析仲舒所著爲二如後代史
志之分經說別集兩門而別集之文制策廟災對之
屬咸備焉故冠以上疏條教也今合二者爲一書治
獄在其中條教在其中而獨以制策諸篇爲別集此

由後之詮次者不悟八十二篇不皆說春秋之文遂以春秋說之繁露篇爲書名而改繁露篇曰楚莊王蓋以首篇名書因以首語名篇耳觀漢史所列諸篇無以人名者則灼然可知矣雖然是說也特以想見二書之本然未可據以改易今書之次弟何也隋唐去漢未若今去漢之甚遠也隋唐人已不獲見漢時舊本今能知其何如耶據漢史以改易今書卒不能復漢時之舊而轉失隋唐以來流傳千有餘年之篇帙故校是書者唯定是正文字而止蓋疑則傳疑所以爲慎之之至也抑又有難焉者誼粹於禮其言治道

以三代盛王爲指歸而參之秦漢以通其變故爲有用之實學仲舒則春秋公羊家老師何氏三科九指之說多自仲舒發之其言五行災異陰陽出入原于易一陰一陽之謂道葢漢世知天之學也故二子皆本於經皆能通達治體而賈子得其大董子得其精先生之於二書凡上自宋本下迄今人之說苟其善者無不備錄以爲是正文字之助雖以予說之鄙陋亦得采入其中而獨不敢竟易隋唐以來之篇帙葢先生之校是書也必確求其可據以證明二子立言之意唐故一言蔽之曰慎也若夫讀是書者得先生

之本卽見隋唐之本因隋唐之本亦可想見漢時之本此則由乎其人之自爲討論而已後學錢唐謹序

漢兩大儒書序

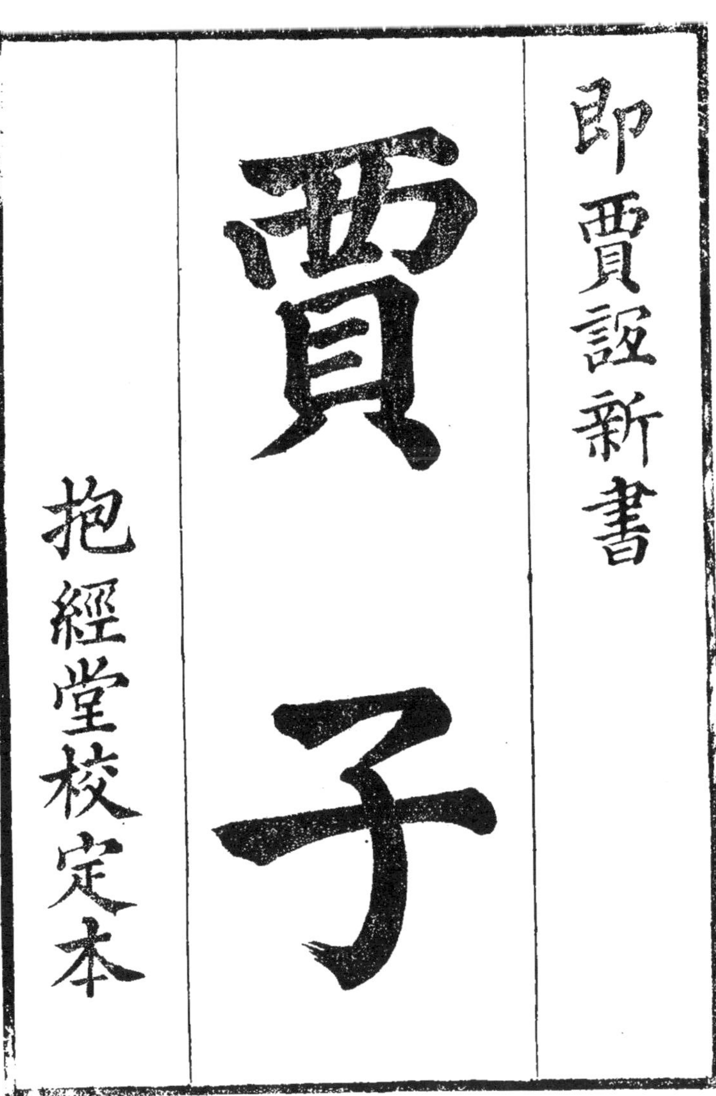

即賈誼新書

賈子

抱經堂校定本

重刻賈誼新書序

西漢文武之世有兩大儒焉曰賈子曰董子皆以經生而通達治體者也二子之書世多有顧其善本絕少余不揣固陋竝爲校讎賴友朋之助先以賈子開雕既成因爲之序其緣起曰班書藝文志儒家載賈誼五十八篇今世所行本其目祇五十有六然過秦有三篇而唯載上下兩篇又禮容語宋本分上下兩篇而本復不分故視漢志所載缺其二篇隋書經籍志載賈子十卷錄一卷舊唐書志則云九卷其稱賈子則同新唐書志始稱賈誼新書其卷則十隋唐志

倶同漢志列儒家至宋志乃妄生異見入之雜家此如劉子政推崇賈董比之伊管而其子歆則謂其父之言爲過何以異人所見不盡同顧若是哉陳振孫直齋書錄載賈子十一卷云首載過秦論末爲弔湘賦且略節誼本傳於第十一卷中其書非漢書所有者輒淺駁不足觀決非誼本書余謂此書必出於其徒之所纂集篇中稱懷王問於賈君又勸學一篇語其門人皆可爲明證但多爲鈔胥所增竄凡漢書所有者此皆割裂傎到致不可讀唯傅職輔佐容經道術論政諸篇在漢書外者古雅淵奧非後人所能僞

撰而陳氏乃反謂其淺駁豈可謂之知言者哉此本十卷据宋本目錄增多過秦論中一篇定爲五十八篇中有其目而亡其書者二焉謂與漢志適脗合余亦未敢信然蓋容有出於後人之所分析者至其甚謬者則略爲刊正之已世每以文帝不能用賈生爲惜然生之言後多見之施行則不用而用已過畢矣在生亦可無恨以視夫其身尊榮顯赫而尺寸曾不得展者所得爲孰多乎哉余所校据兩宋本而諟所爲賦不在書中則非卽陳氏所見者卷末傳非漢書本文今姑沿其舊後有復梓者終當全載孟堅之所

撰爲得云

皇帝六巡江浙之歲三月舊史氏盧文弨書於杭東

里之抱經堂

舊序

賈子序

賈子者賈誼新書也奚稱賈子子之也賈子賈子作乎類賈子之言者作也漢興誼文最高古然誼陳說治理善據事實識要與一一可措之行蓋管晏之儔焉故曰誼練達國體云誼文高古最者太史公業裁之入史記矣後人或摭其創草及他篇簡論說不忍遂捐棄於是類之稱書焉如過秦論太史公業裁入之矣褚先生又取其餘附之後今爲三篇云亦有一事一義而篇二三者或一篇而雜之一如治安策攙

截無復緒理可尋乃其宏識巨議故皎皎如日星如江河地中不得掩沒之矣此書宋淳熙閒嘗刻潭州淳祐閒又刊脩焉時已稱舛缺及刻本失士夫家轉鈔一切出吏手吏苦其煩也輒任減落其字句久之眩或踰行竄其字句重復訛之士夫者又靡之校也故其書愈舛缺不可讀宏治閒都進士穆得此書於樂平喬公刻之京師已復有翻刻者顧仍舛缺也予今刻則略校之矣然卒莫之質補之也麟甲鳳毛僅存見於世者此耳幸邪悲邪賈子十卷其五十八篇內亡其三篇明正德八年歲在癸酉冬十一月北郡

李夢陽撰寓白鹿洞書院

新書序

余昔承乏選部時偶於京國書肆中得賈太傅新書鈔本凡若干卷余手披目覽口誦心惟始而駭終而不知神與之接融融瀁瀁不知旨之樂之詠之歎之於是乎乃知太傅之生值漢室初造光嶽氣完之時通乎天人精微之藴窮乎歷代治亂之故洞乎萬物榮悴之情究乎禮樂刑政之端貫通乎仁義道德之原故正言竑議卓卓乎其奇偉悠悠乎其深長鑿鑿乎其有援據如江河溢濫而莫測其涯也如風霆變

化而莫見其迹也如雲霞卷舒出没晻靄千態萬狀而莫可名言也世之稱近古者亦在是矣所宜珍重不啻若湯盤周鼎而毋敢忽耳正德甲戌余致政家居長沙郡守陸公以謫謫于長沙去今千有餘歲國朝既崇祀亭之禮但傅長沙時所著新書獨無傳焉乃檢閱郡齋故櫝中得版刻數十片計其脫落尚多因詢于予予卽出是本補刻遂成完書屬予爲序予惟太傅高世之才殆出天縱漢劉向稱其通達國體雖古之伊管未能遠過班史痛其不用但謂其天年蚤終雖不至公卿未爲不遇謫過長沙作賦以弔汨

羅而太史公傳於屈原之後明其若屈原之忠而遭棄逐也宋歐陽公謂其所陳孝文略施其術猶能比德于成康況用于朝廷之閒坐于廊廟之上則舉大漢之風登三皇之首猶決壅稗墜爾蘇公論其爲王者之佐如其所言雖三代何以遠過此數公者故有定論誠毋容加喙于其閒顧其書之在霄壤中上則爲德星爲慶雲下則爲朱草爲醴泉光景常新而精神不虧互萬古猶一日柰何自宋淳熙辛丑提學漕使程公版刻之後三百餘祀僅得一陸公補輯殘缺爲書再行是何寥寥知賞之難也非惟嘉惠後學廣

其見聞以資博識愼而擇之而立身行己之道亦寓焉中閒如鑒秦俗之薄惡指漢風之奢僭請定經制述三代之長久深戒刑罰明孤秦之速亡譬人主之如堂所以優臣子之禮置天下于大器所以示安危之機凡憂民傅職官人大政等篇皆經濟之大略又有國與天下者之所當鑒也郡守公名相字艮弼宏治癸丑進士累官南京吏曹郎中英名偉績有所自也政尚平恕有古循吏風今觀是益可見其知所擇而其蘊畜之富未可量也故不揆愚陋僭書于端以識歲月云正德九年菊月吉旦賜進士出身嘉議大

夫都察院右副都御史長沙黃寶序

新書

新書目錄

卷一

新書目錄

新書卷第一

梁太傅賈誼撰

過秦上 事勢

秦孝公據崤函之固擁雍州之地君臣固守以窺周室有席卷天下包舉宇內囊括四海之意并吞八荒之心當是時也潭本無也字商君佐之內立法度務耕織脩守戰之具潭本從史記作備外連衡而鬭諸侯於是秦人拱手而取西河之外孝公既沒惠文武昭襄王案襄字衍下云始皇奮六世之餘烈張晏數孝公惠文王武王昭王莊襄王爲六世史記陳涉世家不誤而始皇本紀則作惠王武王潭本亦同蒙故業因遺策南取漢中西舉

巴蜀東割膏腴之地北收要害之郡史記無北字諸侯恐懼同盟而謀弱秦史記同作會不愛珍器重寶肥饒之地以致天下之士合從締交相與爲一當此之時潭本無之字齊有孟嘗趙有平原楚有春申魏有信陵此四君者潭本君作賢皆明智而忠信寬厚而愛人尊賢重士約從離衡建本作連衡非今從潭本與始皇本紀合兼韓魏燕趙宋衛中山之衆建本脱兼字潭本燕趙作燕楚齊趙與始皇本紀同於是六國之士有甯越徐尚蘇秦杜赫之屬爲之謀主史記無主字齊明周最陳軫召滑始皇本紀作昭滑潭本同樓緩翟景蘇厲樂毅之徒通其意吳起孫臏帶佗倪良王廖田忌廉頗趙奢之朋

制其兵史記作倫刪嘗以什倍之地百萬之衆潭本從陳涉世家作師仰關而攻秦始皇本紀作叩關潭本作扣關小司馬謂仰字是秦人開關延敵九國之師逡遁而不敢進遁與巡同建本尚不誤潭本則從始皇本紀訛本作逡巡遁逃案陳涉世家但作遁逃亦誤秦無亡矢遺鏃之費而天下諸侯已困矣於是從散約解爭割地而賂秦秦有餘力而制其弊追亡逐北伏尸百萬流血漂櫓因利乘便宰割天下分裂山河彊國請伏史記伏作服弱國入朝施及孝文王莊襄王享國日淺潭本享國下有之字與陳涉世家合國家無事及至始皇奮六世之餘烈振長策而御宇內吞二周而亡諸侯履至尊而制六合執搞朴以鞭

笞天下（本皆作敲朴案小司馬云賈本論作搞朴今從之）威振四海南取百粤之地（潭本作百越下同）以爲桂林象郡百粤之君俛首係頸委命下吏乃使蒙恬北築長城而守藩籬卻匈奴七百餘里胡人不敢南下而牧馬士不敢彎弓而報怨（陳涉世家作貫弓小司馬云貫音烏還反又如字謂上弦也）於是廢先王之道燔百家之言以愚黔首墮名城殺豪俊收天下之兵聚之咸陽銷鋒鍉（潭本鍉作鏑音義同始皇本紀作鑄鐻）鑄以爲金人十二以弱天下之民然後踐華爲城因河爲池據億丈之高臨百尺之淵以爲固（史記作據億丈之城臨不測之谿潭本淵亦作谿）良將勁弩（潭本下有而字）守要害之處信臣精卒陳利兵

而誰何天下已定始皇之心自以爲關中之固金城千里子孫帝王萬世之業也始皇既沒餘威振於殊俗然而陳涉（潭本無而字）甕牖繩樞之子氓隸之人（潭本氓作甿）而遷徙之徒也材能不及中人（潭本作中庸）非有仲尼墨翟之賢（仲尼別本作仲弓案荀子常以仲尼子弓竝稱子弓蓋即馯臂子弓也或云仲弓即冉雍夫子許其南面此所稱者是也作仲尼者或轉據史記本改之耳）陶朱猗頓之富躡足行伍之閒俛起阡陌之中（潭本作而倔起與始皇本紀同陳涉世家作俛仰又阡陌與漢書同史記竝作什伯）率罷弊之卒（潭本作率罷散之卒同史記）將數百之衆轉而攻秦（史記轉而例）斬木爲兵揭竿爲旗天下雲合響應（潭本合下有而字）贏糧而景從山東豪傑竝起

而亡秦族矣潭本傑作俊又有一遂字且夫天下非小弱也雍州之地崤函之固自若也陳涉之位非尊於齊楚燕趙韓魏宋衞中山之君也鉏耰棘矜不敵於鉤戟長鎩也潭本不敵作非銛始皇本紀作銛銛與銛同謫戍之衆非抗九國之師也潭本非抗下有於字同史記深謀遠慮行軍用兵之道非及曩時之士也潭本作鄉時同史記然而成敗異變功業相反也潭本也上有何字試使山東之國與陳涉度長絜大潭本作挈大比權量力則不可同年而語矣然秦以區區之地致萬乘之勢始皇本紀無致字作千乘之權陳涉世家作致萬乘之權序八州而朝同列百有餘年矣陳涉世家序作抑始皇本紀作招漢書同又有字潭本無然後以

六合爲家，殽函爲宮，一夫作難而七廟墮（潭本作隳），身死人手，爲天下笑者，何也？仁心不施，而攻守之勢異也。（仁心，潭本作仁義，與史記同。又無而字。案小司馬亦似作仁心。）

過秦中　事勢（建本作過秦下，諸本多同。案小司馬云：過秦論以孝公已下爲上篇，秦兼并諸侯三十餘郡爲下篇。據此則此爲中篇明矣。宋潭州所刻賈子作過秦中，今依用之。）

秦滅周祀，并海內，兼諸侯，南面稱帝，以四海養。（句）天下之士，斐然鄉風，若是何也？曰：近古之無王者久矣。周室卑微，五霸既滅，令不行於天下，是以諸侯力政，（政讀爲征）彊淩弱，衆暴寡，兵革不休，士民罷弊。今秦南面而王天下，是上有天子也。既元元之民冀得安其性命譚本無得字莫不虛心而仰上當此之時專威定功安危之本在於此矣秦王懷貪鄙之心行自奮之智不信功臣不親士民廢王道而立私愛焚文書而酷刑法先詐力而後仁義以暴虐爲天下始夫并兼者高詐力安危者貴順權推此言之取與攻守不同術也譚本無推字之字攻字案攻字衍文可刪秦雖離戰國而王天下譚本離作併其道不易其政不改是其所以取之也孤獨而有之上何史記作是其所以取之守之者異也譚本同今案孤獨而有之卽是不知守之之道與取異兩句當合讀今從建本故其亡可立而待也譚本無也字借使秦王論上世之事並殷周之迹以制御其政後雖有淫驕之主

猶未有傾危之患也故三王之建天下名號顯美功業長久今秦二世立天下莫不引領而觀其亡案上言始皇無道必不能保其後嗣故天下咸計日而知二世之必亡下言二世若能盡改無道之政則亦何至遽亡此又是一意譚本從史記作莫不引領而觀其政雖亦可通然於上文卻少收煞今故從建本作亡意林引作政當亦因史記改夫寒者利裋褐而飢者甘糟糠天下嚻嚻新主之資也建本作短褐今從譚本改嚻嚻譚本作嗸嗸音義同此從建本此言勞民之易爲仁也意林仁作治嚮使二世有庸主之行而任忠賢庸主建本作康主訛臣主一心而憂海內之患縞素而正先帝之過裂地分民以封功臣之後建國立君以禮天下虛囹圄而免刑戮去收帑汙穢之罪使各反

其鄉里發倉廩散財幣以振孤獨窮困之士（振近代多用賑字此從史記）輕賦少事以佐百姓之急約法省刑以持其後使天下之人皆得自新更節循行各慎其身塞萬民之望而以盛德與天下息矣（潭本依史記疊天下二字建本無）卽四海之內皆歡然各自安樂其處惟恐有變雖有狡害之民（潭本作狡猾）無離上之心則不軌之臣無以飾其智而暴亂之姦弭矣二世不行此術而重以無道壞宗廟與民（徐廣云壞宗廟與民史記一無此五字）更始作阿房之宮繁刑嚴誅吏治刻深賞罰不當賦斂無度天下多事吏不能紀百姓困窮而主不收卹然後姦僞並起而上

下相遁蒙罪者衆刑僇相望於道而天下苦之自羣卿以下至於衆庶羣卿史記作君卿潭本同人懷自危之心親處窮苦之實咸不安其位故易動也是以陳涉不用湯武之賢不藉公侯之尊奮於大澤而天下響應者其民危也故先王者史記無者字見終始之變潭本作始終知存亡之由是以牧之以道潭本依史記作牧民之道務在安之而已矣潭本矣作天屬下句與史記同下雖有逆行之臣必無響應之助故曰安民可與爲義而危民易與爲非此之謂也貴爲天子富有四海身在於戮者正之非也潭本作身不免於戮者正傾非也與史記同是二世之過也

過秦下（此從賈子本說見前）

秦兼諸侯山東三十餘郡，循津關，據險塞（潭本循作修），繕甲兵而守之。然陳涉率散亂之衆數百，奮臂大呼，不用弓戟之兵，鉏櫌白梃，望屋而食，橫行天下。秦人阻險不守，關梁不閉，長戟不刺，彊弩不射。楚沛深入（潭本沛作師），戰於鴻門，曾無藩籬之難。於是山東（潭本有大擾二字）諸侯竝起，豪俊相立。秦使章邯將而東征，章邯因其三軍之衆，要市於外，以謀其二（二疑當作貳，潭本從史記作上，或以二爲古文上字改之耳）。羣臣之不相信，可見於此矣。子嬰立，遂不悟（潭本立下有而字）。借使子嬰有庸主之材，而僅得中佐，山東雖亂三秦之地可全而有宗廟之祀宜未絕也潭本作宗廟之祠未當絕也秦地被山帶河以爲固四塞之國也自繆公以來至於秦王二十餘君常爲諸侯雄此豈世賢哉其勢居然也且天下嘗同心并力攻秦矣然困於嶮岨而不能進者豈勇力智慧不足哉形不利勢不便建本且天下嘗有昔日二字係衍文今依史記去之又俗閒本有嘗此之世賢智並列良將行其師賢相通其謀然困於阻險而不能進秦乃延入戰而爲之開關百萬之徒逃北而遂壞一段四十六字在此然困於嶮岨而不能進者之上是後人以史記之文贅入之史記無後然困於嶮岨十字今此有之若再入史記一段複矣潭本但全錄史記之文亦失其舊今故一從建本下亦同秦雖小邑伐并大城得阨塞而守之史記作秦小邑并大城守險塞而軍高壘毋戰

閉關據扼荷戟而守之潭本險作阸毋訛再餘同史記諸侯起於匹夫以利會潭本作合非有素王之行也其交未親其名未附名曰亡秦其實利之也彼見秦阻之難犯潭本有也字必退師案潭本下作收弱扶罷以令大國之君俱依史記案史記作安小司馬云賈誼書作案則建本是也不士息民以待其弊承解誅罷以令國君建本作退陣案士陣字訛患不得意於海內貴爲天子富有四海而身爲禽者捄敗非也潭本捄上有其字秦王足己而不問遂過而不變二世受之因而不改暴虐以重禍子嬰孤立無親危弱無輔三主之惑終身不悟亡不亦宜乎當此時也世非無深謀遠慮知化之士也潭本無謀遠二字然所以不

敢盡忠拂過者，秦俗多忌諱之禁也。拂與弼同。潭本無也字。忠言未卒於口而身糜沒矣。故使天下之士傾耳而聽，重足而立，闔口而不言。是以三主失道，而忠臣不諫，智士不謀也。天下已亂，姦臣不上聞，史記無臣字，潭本同。豈不悲哉！先王知壅蔽之傷國也，故置公卿大夫士，以飾法設刑，而天下治。飾讀為飭。其強也，禁暴誅亂而天下服；其弱也，五霸征而諸侯從；其削也，內守外附而社稷存。故秦之盛也，繁法嚴刑而天下震；及其衰也，百姓怨而海內叛矣。潭本怨下有望字。故周王序得其道，史記作五序，小司馬云賈誼書五作王，今建潭本皆相合。千餘載不絕；秦本末並失，故不能長由是觀之安危之統相去遠矣鄙諺曰前事之不忘後之師也潭本後下有事字是以君子爲國觀之上古驗之當世參之人事察盛衰之理審權勢之宜去就有序變化因時因史記作有潭本作應故曠日長久而社稷安矣

宗首事勢

今或親弟謀爲東帝親兄之子西鄉而擊今吳又見告矣天子春秋鼎盛行義未過德澤有加焉猶尚若此況莫大諸侯權勢十此者乎然而天下少安者何也大國之王幼在懷衽漢所置傅相方握其事數年

之後諸侯王大抵皆冠血氣方剛漢之所置傅歸休而不肎住漢所置相稱病而賜罷彼自丞尉以上偏置其私人建本是偏字潭本作偏案舊本漢書亦是偏字今俗閒本並作偏非也如此有異淮南濟北之爲耶此時而乃欲爲治安雖堯舜不能此下本皆有臣故曰時且過矣上弗蚤圖疑且歲閒所不欲焉十九字不成文理是後人妄竄入當削去黃帝曰日中必熭建本訛加竹漢書加艸作爇案顏氏家訓引賈誼策作熭潭本正相合從之操刀必割令合此道順而全安甚易弗肎早爲已乃墮骨肉之屬而抗剄之豈有異秦之季世乎此下建本有且謂天何權不甚奇而數制人豈可得也十六字不成文理今從潭本削去夫以天子之位用天下之力乘今之時因天之助尚憚以

危爲安以亂爲治假設陛下居齊桓之處將不合諸侯匡天下乎（尚憚建本作常憚非又此下當有脫文建潭本皆有至此則陛下誤甚矣時且失矣心竊踊躍離今春難爲已二十二字建本又有天傾時傾足力傾能孰視而弗肎理以傾時之失豈不靡哉可以爲艮天下而稱特以爲此藉也竊爲陛下痛之甚在上幸少留計焉五十一字俗閒本略相同細審皆是後人妄竄太半不成文理當削無疑）

數寧（事勢）

臣竊惟事勢可痛惜者一可爲流涕者二（潭本二上無者字）可爲長大息者六（大息者歎息之大也俗閒本作太息非）若其他倍理而傷道者難徧以疏舉進言者皆曰天下已安矣臣獨曰未安或者曰天下已治矣臣獨曰未治恐逆意

觸死罪雖然誠不安誠不治故不敢顧身敢不昧死以聞夫曰天下安且治者非至愚無知固諛者耳皆非事實知治亂之體者也夫抱火措之積薪之下而寢其上火未及燃（然同建本作燃誤今從潭本）因謂之安偷安者也方今之勢何以異此夫本末舛逆首尾橫決國制搶攘非有紀也胡可謂治陛下何不一令臣得熟數之於前因陳治安之策陛下試擇焉（篇中多爲後人取漢書之文而敷演之致多冗長其文理尙可通者今亦姑不刊削至如陛下何不一令臣得熟數之於前句內又嵌令以數日之閒六字於令臣之上又陛下試擇射獵之焉下又贅何甚傷哉四字皆不成文理去之）娛與安危之機孰急也臣聞之自禹已下五百歲而

湯起自湯已下五百餘年而武王起故聖王之起大以五百爲紀自武王已下過五百歲矣聖王不起何慅矣慅一本作怪及秦始皇帝似是而卒非也終於無狀及今天下集於陛下臣觀寬大知通竊曰是以摻亂業握危勢摻古多用以代操字或云避魏祖名改譚本作操若今之賢也明通以足天紀又當天宊請陛下爲之矣然又未也者又將誰須也使爲治勞知慮苦身體乏馳騁鍾鼓之樂勿爲可也樂與今同耳因加以常安四望無患漢書使爲治勞知慮本接上文與安危之機孰急文勢脗合此橫隔一段於中殊不倫又自此以下多好用耳字因字亦致有不可通者然本書不可見矣若盡刪之又恐未必盡合本書是以姑仍之因諸侯

附親軌道致忠而信上上可因上上不疑其臣無族非兵革不動民長保首領耳因德窮至遠近者句奴遠者四荒苟人迹之所能及皆鄉風慕義樂爲臣子耳因天下富足資財有餘人及十年之食耳因民素朴順而樂從令耳因官事甚約獄訟盜賊可令鬱有耳大數既得則天下順治海內之氣清和咸理則萬生遂茂晏子曰唯以政順乎神爲可以益壽見晏子雜下篇舊本爲字在神字上誤髮子曰至治之極父無死子兄無死弟塗無繈縲之葬各以其順終穀食之法固百以是是當爲足穀食謂人也人之大期固當足百年也建本固作固訛則至尊之壽輕百年耳古所下

者五帝皆踰百歲以此言信之因生爲明帝沒則爲明神建本作因王爲明帝股肱爲明臣潭本亦作股肱明臣案諡言皆指君身不應忽及股肱漢書作生爲明帝沒爲明神是也故此亦從何本改正名譽之美垂無窮耳禮祖有功宗有德始取天下爲功始治天下爲德因觀成之廟爲天下太宗承太祖與天下漢長亡極耳此數句文亦訛不欲盡以漢書之文易之恐失其本眞耳因卑不疑尊賤不踰貴尊卑貴賤明若白黑則天下之衆不疑眩耳因經紀本於天地政法倚於四時後世無變故無易常襲迹而長久耳臣竊以爲建久安之勢潭本無臣字成長治之業以承祖廟以奉六親至孝也以宰天下以治羣生神民

咸億社稷久饗至仁也立經陳紀輕重周得後可以爲萬世法潭本立經作立綱漢書周德作同得以字又潭本法下有程字下句首無以字以後雖有愚幼不肖之嗣猶得蒙業而安至明也壽並五帝澤施至遠於陛下何損哉以陛下之明通因使少知治體者得佐下風致此治非有難也陛下何不一爲之其具可素陳於前願幸無忽建本此下有一夫者三字係妄增潭本無臣謹稽之天地驗之往古案之當時之務日夜念此至孰也建潭本此下又有獨太息悲憤非特敢忽也十字亦妄增今刪雖使禹舜生而爲陛下計無以易此潭本本生上有復字此句下又有爲之有數必萬全無傷臣敢以寸斷陛下幸試召大臣有識者使計之有能以爲不便天子不利天下者臣請死四十三字建

本俗閒本皆有之是後人依約韓非子語意竄入文氣殊不類當刊去

藩傷　事勢

夫樹國必審相疑之勢下數被其殃上數爽其憂凶饑數動彼必將有怪者生焉禍之所罹豈可豫知罹建本訛雜別本作離今從潭本故甚非所以安主上非所以活大臣者也建本大臣作其臣案此文後亦作活大臣其字誤今從潭本甚非所以全愛子者也既已令之爲藩臣矣爲人臣下矣而厚其力重其權使有驕心而難服從也何異於善砥鏌鋣而予射子自禍必矣愛之故使飽粱肉之味玩金石之聲臣民之衆土地之博足以奉養宿衛其身然而權

力不足以徼幸勢不足以行逆故無驕心無邪行奉法畏令聽從必順長生安樂而無上下相疑之禍活大臣全愛子孰精於此且藩國與制力非獨少也（潭本力作乃）制令其有子以國其子未有子者建分以須之子生而立其身以子夫將何失（夫一作天疑當作其身而天子將何失建本何作付訛）於實無喪而葆國無患（潭本無葆字）子孫世世與漢相須皆如長沙可以久矣所謂生死而肉骨何以厚此

藩彊事勢

竊迹前事大抵彊者先反淮陰王楚最彊則最先反

韓王信倚胡則又反貫高因趙資則又反陳豨兵精彊則又反彭越用梁則又反黥布用淮南則又反盧綰國比最弱則最後反（潭本比作北）長沙乃纔二萬五千戶耳（潭本作三萬）力不足以行逆則功少而最完埶疏而最忠全骨肉時長沙無故者非獨性異人也其形埶然矣曩令樊酈絳灌據數十城而王（潭本無數字）今雖以殘亡可也令韓信黥布彭越之倫列爲徹侯而居雖至今存可也然則天下大計可知已（潭本作也）欲諸王皆忠附則莫若令如長沙欲勿令葅醢則莫若令如樊酈絳灌（潭本長沙下有王字欲下有臣子二字）欲天下之治安天子之

無憂莫如衆建諸侯而少其力力少則易使以義國小則無邪心下有若與臣下相殘與骨肉相飲茹天下雖危無傷也則莫如循令之故而勿變以前觀之其國最大者反最先四十一字絕無義理卽以爲反言之語氣又不了後二語亦不相承接其爲妄竄無疑必當刪去

大都　事勢

昔楚靈王問范無宇曰我欲大城陳蔡葉與不羹賦車各千乘焉亦足以當晉矣又加之以楚諸侯其來朝乎范無宇曰不可臣聞大都疑國大臣疑主亂之媒也都疑則交爭臣疑則並令禍之深者也今大城陳蔡葉與不羹或不充不足以威晉若充之以資財

實之以重祿之臣是輕本而重末也臣聞尾大不掉末大必折此豈不施威諸侯之心哉潭本無施字然終爲楚國大患者必此四城也左傳但言陳蔡不羹而無葉杜預分東西不羹爲二以當之此并數葉爲四此是也靈王弗聽果城陳蔡葉與不羹賁之以兵車充之以大臣是歲也諸侯果朝居數年陳蔡葉與不羹或奉公子棄疾內作難楚國雲亂王遂死於乾溪芋尹申亥之井芋尹建本訛于脫尹字今從舊人校本改正左傳但云王縊爲計若此豈不可痛也哉潭本無可字悲夫本細末大弛必至心潭本作弛心必至訛時乎時乎可痛惜者此也天下之勢方病大瘇一脛之大幾如要一指之大幾如股

建本此下又復臣聞尾大不掉末大必折二句今從潭本去之惡病也平居不可屈信一二指搐身固無聊也失今弗治必爲錮疾潭本作病後雖有扁鵲弗能爲已建本此下又有悲夫枝拱苟大施必至心十字亦係復衍今從潭本去之此所以竊爲陛下患也病非徒尰也又苦跋盭上古蹠字下古戾字顏師古曰足蹠反戾不可行也元王之子帝之從弟也今之王者從弟之子也惠王之子親兄之子也今之王者兄子之子也惠王下漢書脫之子二字此書亦脫案惠王齊悼惠王也乃文帝親兄其子哀王文帝元年薨子文王則嗣故云今之王者兄子之子是惠王下當有之子二字今從劉貢父補正親者或無分地以安天下疏者或專大權以偪天子臣故曰非徒病尰也又苦跋盭建潭本下有也字衍可痛哭

者此病是也

等齊 事勢

諸侯王所在之宮衛織履蹲夷以皇帝在所宮法論之（在所潭本訛所／在今從建本）郎中謁者受謁取告以官皇帝之法予之（受謁本作受／謁訛今改正）事諸侯王或不廉潔平端以事皇帝之法罪之曰一用漢法事諸侯王乃事皇帝也是則諸侯王乃埒至尊也（建本作誰是則諸侯之王／別本誰作推潭本無又無之字埒茲訛作將／今從舊校本改正）然則天子之與諸侯（潭本下／有王字）臣之與下（潭本無／此四字）宜撰然齊等若是乎天子之相號爲丞相黃金之印諸侯之相號爲丞相黃金之印而尊無

異等秩加二千石之上諸侯之相以下十二字又異等二字建潭本並脫今從別本補入天子列卿秩二千石諸侯列卿秩二千石則臣已同矣人主登臣而尊登當如左傳各自其四以登於釜之登今臣既同則法惡得不齊天子衛御號爲大僕銀印秩二千石諸侯之御號曰大僕銀印秩二千石則御已齊矣御既已齊則車飾具惡得不齊潭本無具字天子親號云太后諸侯親號云太后天子妃號曰后諸侯妃號曰后然則諸侯何損而天子何加焉妻既已同則夫何以異天子宮門曰司馬闌入者爲城旦諸侯宮門曰司馬闌入者爲城旦殿門俱爲殿門闌入之罪亦俱

弃市宮牆門衛同名其嚴一等罪已鈞矣天子之言曰令令甲令乙是也諸侯之言曰令令儀令言是也（儀亦言也見周書寶典解孔晁註）天子卑號皆稱陛下諸侯卑號皆稱陛下（次皆字各本皆脫案當有）天子車曰乘輿諸侯車曰乘輿乘輿等也（下舊有衣被次齊貢死經緯也荀工巧而志欲之唯目上軼主次也二十三字潭本空死字餘同文不可曉亦是竄入今刪去）然則所謂主者安居臣者安在人之情不異面目狀貌同類貴賤之別非天根著於形容也（非下建本有人字又一本重人字今從潭本）所持以別貴賤明尊卑者等級勢力衣服號令也（潭本持作恃）亂且不息滑曼無紀天理則同人事無別（潭本曼作漫理作性）然則所謂臣主

者非有相臨之具尊卑之經也特面形而異之耳近習乎形貌然後能識異建本訛虜又形貌訛貴近貌今從潭本改正則疏遠無所放衆庶無以期則下惡能不疑其上君臣同倫異等同服則上惡能不眩其下孔子曰建潭本茲衍異服二字長民者衣服不貳從容有常以齊其民則民德一潭本作民德則一詩云彼都人士狐裘黃裳行歸于周萬民之望孔子曰為上可望而知也為下可類而志也則君不疑於其臣而臣不惑於其君類別本作述或校者以緇衣之文易之今一依本書引詩亦然而此之不行沐瀆無界可為長大息者此也潭本第一卷止此所害

服疑　事勢

衣服疑者是謂爭先澤厚疑者是謂爭賞權力疑者是謂爭彊等級無限是謂爭尊彼人者近則冀幸疑則比爭是以等級分明則下不得疑權力絕尤則臣無冀志故天子之於其下也加五等已往則以爲臣建本作已往則爲臣例訛今從潭本改正臣之於下也加五等已往則以爲僕僕亦臣禮也亦上諸本皆有則字今從黃氏日抄去之然稱僕不敢稱臣者尊天子避嫌疑也制服之道取至適至和以予民至適至和潭本作至粗二字至美至神進之帝奇服文章以等上下而差貴賤是以高下異句則名號異則權力

異則事勢異則旗章異則符瑞異則禮寵異則秩祿異則冠履異則衣帶異則環佩異則車馬異則妻妾異則澤厚異則宮室異則牀席異則器皿異則飲食異則祭祀異則死喪異建本下有則字是上文皆於則字爲句今案是以高下異當於異字爲句此高下者是其本根也以下諸異皆由予此皆當以異字爲句此處不當有則字明矣今從潭本故高則此品周高下則此品周下周齊也或改作同字非潭本訛用下竝同加入者品此臨之埤入者品此承之埤與卑同潭本作卑遷則品此者進絀則品此者損貴周豐賤周謙貴賤有級服位有等等級既設潭本作著各處其檢人循其度擅退則讓上僭則誅讓責讓也建法以習之設官以牧

之是以天下見其服而知貴賤望其章而知其勢岑人定其心各著其目岑古使字李臣文資服云行李是行使案舊文使字作岑山下人人下子云云建本訛作季潭本作使今據李說定作岑又一本作位合上勢字爲句是後人以意改之不可從故衆多而天下不眩傳遠而天下識祇卑尊已著上下已分則人倫法矣於是主之與臣建本脫是字潭本有若日之與星建本有以字衍臣不幾可以疑主賤不幾可以冒貴幾讀與冀同潭本脫下不凌等則上位尊臣不踰級則主位安謹守倫紀則亂無由生

益壤事勢

陛下即不爲千載之治安知今之勢豈過一傳再傳

哉諸侯猶且人恣而不制豪横而大強也漢書作陛下即不定制如今之勢不過一傳再傳諸侯猶且人恣而不制豪植而大強今此篇云云是後人依傍漢書增竄字句顛倒前後以亂本書即此起數語已大失誼之本意蓋誼以爲即不定制不必久遠也而弊且立見今此書似謂不爲久長之計其勢將一傳再傳而盡則下文二語如何轉接其謬有如此者今若全依漢書則讀漢書足矣何必又著於此故姑仍之以俟學者之自爲別白可耳建潭本竝脫再傳二字又脫豪横而大強五字別本皆有之至其相與特以縱横之約相親耳特以建本訛作持之以漢法令不可得行矣此下竝有猶且桌立而服彊也八字乃改豪植而大彊語爲之使不可曉以疑誤人今刪去今淮陽之比大諸侯懃過黑子之比於面耳懃與僅同建潭本竝作勤字書無懃字漢書作廑如黑子之著面潭本作勤比黑子之於面耳豈足以爲楚御哉別本作禁御與漢書同而陛下所

恃以爲藩扞者以代淮陽耳代北邊與彊匈奴爲鄰懃自完足矣（建潭本作懃自見矣訛今從別本）唯皇太子之所恃者亦以之二國耳今淮陽之所有適足以餌大國耳方今制在陛下制國命子適足以餌大國豈可謂工哉（潭本適足句脫又工訛作姘漢書作制國而令子適足以爲餌豈可謂工哉）人主之行異布衣布衣者（潭本者字在上句下）飾小行競小廉以自託於鄉黨邑里人主者天下安社稷固不耳故黃帝者炎帝之兄也炎帝無道黃帝伐之涿鹿之野血流漂杵誅炎帝而兼其地天下乃治高皇帝瓜分天下以王功臣反者如蝟毛而起高皇帝以爲不可剽去不義諸

侯各其國建本作剽太義訛今從潭本漢書剽作薪擇良日立諸子洛陽上東門之外諸子畢王而天下乃安故大人者不怵小廉不牽小行故立大便以成大功今淮南地遠者或數千里越兩諸侯而縣屬於漢建潭本無兩字別本有與漢書同其苦之甚矣其欲有卒也類良有所至逋走而歸諸侯殆不少矣此終非可久以爲奉地也其欲有卒也類良有所至語不甚可解別本竟以漢書易之亦非所安不若且從其舊以侯知者奉地奉天子之地也建潭本作秦地訛今從別本改正陛下豈如蚤便其勢且令他人守郡豈如令子臣之愚計願陛下舉淮南之地以益淮陽句梁即有後漢書作而爲梁王立後建本此句尚近之潭本脫梁字作即有後患謬矣割淮陽

北邊二三列城與東郡以益梁即無後患漢書作代不可者代可徙而都睢陽梁起新鄭以北著之河新鄭別本從漢書作新鄴淮陽包陳以南揵之江揵鉅偃反關揵也潭本作截訛則大諸侯之有異心者破膽而不敢謀今所恃者代淮陽二國耳皇太子亦恃之如臣計梁足以扞齊趙淮陽足以禁吳楚則陛下高枕而臥終無山東之憂矣臣竊以爲此二世之利也二世潭本訛作萬世若使淮南久縣屬漢特以資姦人耳惟陛下幸少留意此下建本有省臣昧死以聞臣誼竊昧死願得伏前陳施下臣誼所以爲治安陛下幸以少須臾之閒聽以驗之於事未有妨損也臣聞聖主言問其臣而不自造事故爲人臣得畢盡其愚忠惟陛下財幸七十三字全係妄竄即臣聞聖主以下亦是錄漢書

之文惟陛下財幸與惟陛下幸少留意句相重複若欲留下一段須去惟陛下幸少留意句始得潭本於抵謕竊昧死提行餘一二字異同係錯誤兩本並脫聖字漢書有又末尾兩本復有今陛下將不意之人以下一段乃淮難篇之尾綴衍於此今削去之

新書卷第二

權重

諸侯勢足以專制力足以行逆雖令冠處女勿謂無敢勢不足以專制力不足以行逆雖生夏育有仇讎之怨猶之無傷也然天下當今恬然者遇諸侯之俱少也後不至數歲諸侯偕冠潭本作皆冠陛下且見之矣建本此下有豈不苦哉力當能爲而不爲畜亂宿禍高拱而不憂其紛也且也甚可謂不知且不仁三十二字潭本無能字又憂上無不字無且也二字將可通然皆係雜湊當刪去夫秦日夜深惟苦心竭力以除六國之憂建潭本夫秦下有自逆二字以除上有危在存亡四字皆隨意雜湊今刪去漢書憂作禍此作憂亦非也今陛下力制天下頤指

如意而故成六國之禍難以言知矣潭本作內制天下顲措而如意無下故字建本脫制字又如意上亦有而字又成作稱今皆從別本改正苟身常無意但爲禍未在所制也亂媒日長孰視而不定萬年之後傳之老母弱子使曹勃不寧制可謂仁乎潭本作使曹勃不寧制別本不寧作不能漢書作將使不寧案此篇與益壤篇同是一疏今離析而增演之皆出自後人之作僞耳

五美　事勢

海內之勢如身之使臂臂之使指莫不從制諸侯之君不敢自殺不敢反心知必葅醢耳建本作志知不敢有異心輻湊竝進而歸命天子天子無可以徹倖之權無

起禍召亂之業雖在細民且知其安故天下咸知陛下之明割地定制齊爲若干國趙楚爲若干國制既各有理矣於是齊悼惠王之子孫王之分地盡而止（建本脱子孫王之四字又止字譌作正今皆從潭本）趙幽王楚元王之子孫亦各以次受其祖之分地燕吳淮南他國皆然其分地衆而子孫少者建以爲國空而置之須其子孫生者舉使君之諸侯之地其削頗入漢者爲徙其侯國及封其子孫於彼也所以數償之故一寸之地一人之衆天子無所利焉誠以定治而已（潭本定治作定地）故天下咸知陛下之廉地制一定宗室子孫慮莫不王（漢書作莫）

慮不王別本同制定之後下無背叛之心上無誅伐之志上下懽親諸侯順附故天下咸知陛下之仁地制一定則帝道還明而臣心還正法立而不犯令行而不逆貫高利幾之謀不生機奇啓章之計不萌機皆作棧漢書機奇作柴奇棘蒲侯柴武子後淮難篇建潭本皆作棧奇案柴之與棧音義得兩通韓詩外傳載齊景公遊牛山事有柴車晏子春秋作棧車此其証也別本此處從漢書作柴奇而淮難篇却作機奇疑皆因形近而訛又漢書啓作開避景帝諱細民鄉善大臣效順上使然也故天下咸知陛下之義地制一定臥赤子天下之上而安潭本作臥赤子衽席之上而天下安待遺腹潭本待作植同漢書朝委裘而天下不亂社稷長安宗廟久尊傳之後世不知其所窮故

當時大治後世誦聖一動而五美附陛下誰憚而久不爲此五美末二字當因上文如文王世子子貢問樂之比

制不定

炎帝者黃帝同父母弟也各有天下之半黃帝行道而炎帝不聽故戰涿鹿之野血流漂杵夫地制不得自黃帝而以困潭本作已困以高皇帝之明聖威武也既撫天下卽天子之位而大臣爲逆者乃幾十發以帝之勢身勞於兵閒紛然幾無天下者數矣淮陰侯韓王信陳豨彭越黥布及盧綰皆功臣也所嘗愛信也所愛化而爲仇所信反而爲寇可不怪也地里蚤定豈將

豈有此變陛下卽位以來濟北一反淮南爲逆今吳又見告皆其薄者也莫大諸侯澹然而未有故者天下非有固安之術也特賴其尚幼偷猥之數也（偷猥猶言偷安苟且建本訛作偷煖潭本作偷㷄字書無㷄字）且異姓負彊而動者漢已幸而勝之矣又不易其所以然同姓襲是迹而處（建潭本是迹下衍者字）骨肉相動又既有徵矣其勢盡又復然殃禍之變（潭本作反）未知所移長此安窮明帝尚不能以安後世奈何屠牛坦一朝解十二牛而芒刃不頓者所排擊所剝割皆象理也（當謂仿像其支節也漢書作皆衆理解也潭本無解字）然至髖髀之所非斤則斧矣仁義恩厚此人主之芒

刃也權勢法制此人主之斤斧也（潭本兩此字皆作者字）勢已定權已足矣乃以仁義恩厚因而澤之故德布而天下有慕志今諸侯王皆衆髖髀也釋斤斧之制而欲嬰以芒刃臣以爲刃不折則缺耳胡不用之淮南濟北勢不可也（潭本胡訛作故）

審微 事勢

善不可謂小而無益不善不可謂小而無傷非以小善爲一足以利天下小不善爲一足以亂國家也當大輕始而傲微則其流必至於大亂也（潭本無也字）是故子民者謹焉彼人也登高則望臨深則窺人之性非

窺且望也勢使然也夫事有逐姦勢有召禍老聃曰爲之於未有治之於未亂管仲曰備患於未形上也語曰焰焰弗滅炎炎奈何焰焰舊本皆訛作爕爕字書未有所考今從金人銘作焰萌芽不伐且折斧柯智禁於微次也案備患於未形上也智禁於微次也本相承接中間忽橫亙十八字是後人以習聞之語妄增入之潭本改次爲故亦非事之適亂如地形之惑人也機漸而往俄而東西易面人不自知也故墨子見衢路而哭之悲一跬而繆千里也昔者衞侯朝於周周行問其名曰衞侯辟彊周行韓非子作周行人下同辟彊舊闕彊潭本卽作彊字周行還之曰啓彊辟彊天子之號也諸侯弗得用衞侯更其名曰燬字書不載燬字案韓

丼子作煅衛文公名也然後受之故善守上下之分者雖空名

弗使踰焉潭本分作陛古者周禮天子葬用隧諸侯縣下

周襄王出逃伯闘二字不可曉疑衍晉文公率師誅賊定周

國之亂復襄王之位於是襄王賞以南陽之地文公

辭南陽卽死得以隧下襄王弗聽曰周國雖微未之

或代也潭本未作木天子用隧伯父用隧是二天子也以

地爲少余請益之文公乃退禮天子之樂宮縣諸侯

之樂軒縣大夫直縣直當作特或本是犆字士有琴瑟叔孫于

奚者衛之大夫也左傳作仲叔于奚曲縣者衛君之樂體也

繁纓者君之駕飾也齊人攻衛叔孫于奚率師逆之

大敗齊師衛於是賞以溫叔孫于奚辭溫而請曲縣繁纓以朝衛君許之孔子聞之曰惜乎不如多與之邑夫樂者所以載國國者所以載君彼樂亡而禮從之禮亡而政從之政亡而國從之國亡而君從之惜乎不如多予之邑宓子治亶父（即單父音善甫）於是齊人攻魯道亶父始父老請曰麥已熟矣今迫齊寇民人出自艾傳郭者歸（艾刈同傳音附）可以益食且不資寇三請宓子弗聽俄而麥畢資乎齊寇（資建潭本作還）季孫聞之怒使人讓宓子曰豈不可哀哉民乎寒耕熱耘曾弗得食也弗知猶可聞或以告而夫子弗聽宓子蹴然曰今

年無麥明年可樹令不耕者得穫（建潭本脫令字，今從別本增）是樂有寇也且一歲之麥於魯不加彊喪之不加弱令民有自取之心其創必數年不息季孫聞之慙曰使穴可入吾豈忍見宓子哉故明者之感姦由也蚤其除亂謀也遠故邪不前達

階級　事勢

人主之尊辟無異堂陛陛九級者堂高大幾六尺矣若堂無陛級者堂高殆不過尺矣天子如堂羣臣如陛衆庶如地此其辟也故堂之上（潭本故堂九級上，別本堂作陛）廉遠地則堂高近地則堂卑高者難攀卑者易陵理勢

然也故古者聖王制爲列等潭本從漢書作等列內有公卿大夫士外有公侯伯子男然後有官師小吏施及庶人等級分明而天子加焉故其尊不可及也鄙諺曰欲投鼠而忌器此善喻也鼠近於器尚憚而弗投恐傷器也況乎貴大臣之近於主上乎建潭本上訛作帝今據下文改廉醜禮節以治君子建本醜潭本仍作恥故有賜死而無戮辱是以係縛榜笞髡刖黥劓之罪不及士大夫以其離主上不遠也禮不敢齒君之路馬蹴其芻者有罪見君之几杖則起遭君之乘輿則下入正門則趨君之寵臣雖或有過刑戮不加其身尊君之勢也此則所以

爲主上豫遠不敬也（譚本無則字）所以體貌羣臣而厲其節也今自王侯三公之貴皆天子之改容而禮也古天子之所謂伯父伯舅也今與衆庶徒隸同黥劓髡刖笞傌弃市之法（建譚本脫伯父二字建本又脫衆字傌與罵音義同建本作傌譚本訛作笞係今皆從別本）然則堂下不亡陛乎（譚本無下字）被戮辱者不太迫乎（建本無辱字）廉恥不行也大臣無乃握重權大官而有徒隸無恥之心乎夫望夷之事二世見當以重法者投鼠而不忌器之習也臣聞之曰履雖鮮弗以加枕冠雖弊弗以苴履夫嘗以在貴寵之位天子改容而嘗體貌之矣吏民嘗俯伏以敬畏之矣今而

有過令廢之可也退之可也賜之死可也潭本無此五字若夫束縛之係紲之輸之司空司空掌城旦鬼薪之事役使罪人爲之漢書百官公卿表宗正屬官有都司空令丞如淳曰律司空主水及罪人郎引賈誼此語別本從誤本漢書作司寇非也編之徒官司寇牢正徒長小吏罵詈而榜笞之殆非所以令衆庶見也夫卑賤者習知尊貴者之事一旦吾亦乃可以加也建本有事字無一字令案一字亦當有非所以習天下也非尊尊貴貴之化也夫天子之所嘗敬衆庶之所嘗寵死而死爾賤人安宜得此而頓辱之哉

豫讓事中行之君潭本此上有如字智伯伐中行滅之豫讓移事智伯及趙滅智伯豫讓釁面變容吸炭變聲必

報襄子五起而弗中襄子一夕而五易臥人問豫讓讓曰中行衆人畜我我故衆人事之建本脫衆人畜我我故六字今從潭本增別本我字不重智伯國士遇我故爲之國士用故潭本作故國士報之故此一豫讓也反君事讐行若狗彘已而折節致忠行出乎烈士人主使然也故人主遇其大臣如遇犬馬彼將犬馬自爲也如遇官徒彼將官徒自爲也建本脫彼將犬馬以下十一字潭本有頑頓無恥𡠌苟無節漢書作𡠌詬師古曰謂無志分也𡠌音胡結反詬音后建本𡠌作斷訛廉恥不立則且不自好則苟若而可兩則字潭本無同漢書見利則趨見便則奪主上有敗困而擘之矣漢書作則因而挻之矣潭本有則字因作因主上有患則

吾苟免而已立而觀之耳有便吾身者則欺賣而利之耳人主將何便於此羣下至衆而主至少也所託財器職業者率於羣下也但無恥但苟安則主最病建本最訛罷潭本依漢書但皆作俱又作則主上最病故古者禮不及庶人刑不至君子所以厲寵臣之節也古者大臣有坐不廉而廢者不謂曰不廉曰簠簋不飾坐汚穢男女無別者建潭本汚穢倒又男女上有姑姊姊姨母五字係妄竄今刪不謂汚穢曰帷簿不修坐罷軟不勝任者不謂罷軟曰下官不職建本脫者不謂罷軟五字潭本有故貴大臣定有其罪矣猶未斥然正以呼之也尙遷就而爲之諱也故其在大譴大訶之域

者潭本訶從漢書作何下同聞譴訶則白冠氂纓盤水加劍造清室而請其罪爾上弗使執縛係引而行也清音才性反蘇林曰音絜清胡公漢官車駕出有清室令在前驅此官有別獄也如蘇言則漢書請室亦有作清室者建本新書正作清室知蘇言非謬矣三輔黄圖作靜室潭本作造請其罪耳非其中罪者聞命而自弛上不使人頸盭而加也頸盭建本訛作頸𥂶其有大罪者聞命則北面再拜諸舊本皆作聞令訛跪而自裁上不使人捽抑而刑也曰子大夫自有過耳吾遇子有禮矣建本脫曰字潭本有遇之有禮故羣臣自喜喜讀爲憙漢書作憙宋祁引王仲弓說亦謂當作喜潭本作憙厲以廉恥故人務節行上設廉恥禮義以遇其臣而羣臣不以節行而報其上者卽非人類也

潭本報上無而字故化成俗定則爲人臣者主醜亡身國醜忘家公醜忘私建本作醜諸本皆作爾漢書作耳利不苟就害不苟去唯義所在主上之化也故父兄之臣誠死宗廟法度之臣誠死社稷輔翼之臣誠死君上建本脫誠死宗廟以下十六字潭本有守衛捍敵之臣誠死城廓封境故曰聖人有金城者比物此志也建潭本作此物比志也別本作此物此志也今從漢書彼且爲我死故吾得與之俱生彼且爲我亡故吾得與之俱存夫將爲我危故吾得與之皆安顧行而忘利守節而服義故可以託不御之權可以託五尺之孤此厲廉恥行禮義之所致也主上何喪焉此之不爲

而顧彼之行故曰可爲長大息者也建本爲作謂今從潭本

新書卷第二

新書
卷二

新書卷第三

俗激　事勢

大臣之俗特以牘書不報小期會不荅耳以爲大故不可矣天下之大指舉之而激俗流失世壞敗矣因恬弗知怪大故也加刀筆之吏務在筐箱而不知大體（建本作大禮訛）陛下又弗自憂故如此哉（潭本作故何哉）夫邪俗日長民相然席於無廉醜（潭本相作怡醜作恥下同）行義非循也豈爲人子背其父爲人臣因忠於君哉豈爲人弟欺其兄爲人下因信其上哉（兩因字建本作困別本作固皆訛此書多用因字今從潭本）陛下雖有權柄事業將何寄之管子曰四維一

曰禮二曰義三曰廉四曰醜四維不張國廼滅亡使管子愚無識人也則可使管子而少知治體則是豈不可爲寒心（潭本有哉字）今世以侈靡相競而上無制度弃禮義捐廉醜日甚可謂月異而歲不同矣逐利乎否耳（潭本作逐利不耳凡此皆從漢書）慮非顧行也（建本慮下衍念字）今其甚者剄大父矣賊大母矣踝嫗矣刺兄矣（建本剄作到潭本作剄父矣空賊字今皆從別本補踝當與剸同劊也）盜者慮探柱下之金（潭本慮作利無下字）掇寢戶之簾攓兩廟之器白晝大都之中剽吏而奪之金矯僞者出幾拾萬石粟（建本作拾與十通潭本作十）賦六百餘萬錢乘傳而行諸侯（建潭本行下衍郡字）此其無行義

之尤至者已其餘猖蹶而趨之者潭本作猖獗乃豕羊驅而往是類管子謂四維不張者與潭本作者也竊爲陛下惜之以臣之意吏慮不動於耳目以爲是時適然耳潭本時作特夫移風易俗使天下移心而嚮道類非俗吏之所能爲也陛下又不自憂竊爲陛下惜之夫立君臣等上下使父子有禮六親有紀此非天之所爲人之所設也夫人之所設弗爲不立不植則僵不循則壞建本脫爲人之所四字又弗爲二句作弗爲持此則僵今皆從別本改正潭本此非天所爲無之字不循作不脩秦滅四維不張潭本不張上有而字故君臣乖而相攘上下亂僭而無差建本君臣作君子亂僭作亂賊今皆從別本改父子六親所

殃僇而失其宊姦人竝起萬民離畔凡十三歲而社稷爲墟今四維猶未備也故姦人冀幸而衆下疑惑矣豈如今定經制（建本脫定字）令主主臣臣上下有差父子六親各得其宜姦人無所冀幸羣衆信上而不疑惑哉此業一定世世常安而後有所持循矣若夫經制不定是猶渡江河無維楫中流而遇風波也船必覆矣（潭本覆下有敗字）悲夫備不豫具之也可不察乎

時變 事勢

秦國失理天下大敗衆揜寡知欺愚勇劫懼（懼建潭本作惧別本作懦）壯陵衰攻擊奪者爲賢（何○攻潭本作功皆與工同）貴人善

突盜者爲忻句。潭本忻作圻則又當以賢貴人句圻諸侯句諸侯設詒而相飾設轉而相紹者爲知矣潭本作諸侯設詒而相復飾詐而相紹紹一作詔皆未詳或疑詒當爲詒復當爲復天下亂至矣是以大賢起之威振海內德從天下曩之爲秦者今轉而爲漢矣今者何如此下與上文不相承接皆妄竄之所致建本今者作令有潭本作今有更訛進取之時去矣幷兼之勢過矣胡以孝弟循順爲句善書而爲吏耳胡以行義禮節爲句家富而出官耳驕恥偏而爲祭尊猶祭酒也黥劓者攘臂而爲政行惟狗彘也苟家富財足隱机盱視而爲天子耳惟當作雖潭本作爲亦訛又天子二字訛或下有脫文唯告罪昆弟欺突伯父逆於父母乎然錢財多也衣服循也此下有我何妨爲世之基公唯愛季母妻公之楼女乎十八字係妄人竄入去之則文氣一片車馬嚴也走犬良也矯誣而家美盜賊而財多何傷欲交吾擇貴寵者而交之欲勢擇吏權者而使之取婦嫁子非有權勢吾不與婚姻非貴有戚不與兄弟潭本作非有貴戚不與弟兄非富大家不與出入因何也今俗侈靡以出相驕出字疑衍出倫踰等以富過其事相競今世貴空爵而賤良俗靡而尊姦富民不爲姦而貧爲里罵建本罵作母也訛今從潭本廉吏釋官而歸爲邑笑居官敢行姦而富爲賢吏家處者犯法爲利爲材士故兄勸其弟父勸其子則俗之邪至於此矣商君違禮

義弃倫理并心於進取行之二歲秦俗日敗秦人有子家富子壯則出分家貧子壯則出贅假父耰鉏杖彗耳慮有德色矣（彗亦篲也潭本作篲又耳作而無矣字）母取瓢椀箕箒慮立誶語（潭本作立而訊語訊誶同）抱哺其子與公併踞婦姑不相說則反脣而睨其慈子耆利而輕簡父母也念罪非有倫理也其不同禽獸僅焉耳（建本其作亦）然猶并心而赴時者曰功成而敗義耳（者曰以下八字潭本無有猶曰二字連下文皆同漢書）歷六國兼天下求得矣（潭本作功成求得矣）然不知反廉恥之節仁義之厚信并兼之法遂進取之業凡十三歲而社稷爲墟不知守成之數得之之術也悲夫

潭本作十二歲非又不知上有爲字得之作得失又末有帝者養士進取遺禮八字建本亦有係衍文今從別本去之

瑰瑋 事勢

天下有瑰政於此予民而民愈貧衣民而民愈寒使民樂而民愈苦使民知而民愈不知避縣網甚可瑰也建潭本複不知二字係衍文去之又網字建本訛作綱今從潭本下同今有瑋術於此奪民而民益富也不衣民而民益煖苦民而民益樂使民愈愚而民愈不罹縣網陛下無意少聽其數乎別本而民愈下有知字下同又乎作與夫雕文刻鏤周用之物繁多纖微苦窳之器日變而起民棄完堅而務雕鏤纖巧

以相競高句○而務潭本作之物作之宜一日今十日不輕能
成用一歲今半歲而弊作之費日挾巧用之易弊不
耕而多食農人之食是天下之所以困貧而不足也
故以末寺民民大貧以本寺民民大富黼黻文繡纂
組害女工且夫百人作之不能衣一人方且萬里不
輕能具萬里字訛天下之力勢安得不寒世以俗侈相耀
人慕其所不如悚迫於俗願其所未至以相競高而
上非有制度也今雖刑餘鬻妾下賤衣服得過諸侯
擬天子是使天下公得冒主而夫人務侈也冒主務
侈則天下寒而衣服不足矣故以文繡衣民而民愈

寒以褫民民必煖而有餘布帛之饒矣別本作以衣帛褫民衍衣帛二字潭本無餘字夫奇巧末技商販游食之民形佚樂而心懸愆志苟得而行淫侈則用不足而蓄積少矣即遇凶旱必先困窮迫身則苦飢甚焉今敺民而歸之農皆著於本則天下各食於力末技游食之民轉而緣南畝則民安性勸業而無懸愆之心則民潭本作朴一又性賈子本作生別本作心無苟得之志行恭儉蓄積而人樂其所矣故曰苦民而民益樂也世淫侈矣飾知巧以相詐利者爲知士敢犯法禁昧大姦者爲識理故邪人務而日起姦詐繁而不可止罪人積下衆多而無時已君臣

相冒上下無辨此生於無制度也今去淫侈之俗行節儉之術使車輿有度衣服器械各有制數制數已定故君臣絕亢而上下分明矣擅退則讓上僭者誅建本退作過訛又上僭作上位僭行位字今皆從潭本故淫侈不得生知巧詐謀無爲起姦邪盜賊自爲止則民離罪遠矣知巧詐謀不起建本脱詐字潭本有所謂愚故曰使愚而民愈不罹縣網此下有此四者使君臣相冒上下無別天下困貧姦詐盜賊並起罪人蓄積無已者也故不可不急速救也三十八字建潭本別本皆有之案文義不甚相聯屬舊有校者刪去此段今從之

孼產子 事勢

民賣產子得爲之繡衣編經履偏諸緣入之閑中是

古者天子后之服也，后之所以廟而不以燕也，而衆庶得以衣孼妾。白縠之表，薄紈之裏，緁以偏諸，美者黼繡，是古者天子之服也（緁，建本作厭），今富人大賈召客者得以被牆（建潭本上句作今貴富人大賈者喪資若兄弟召客者，訛，今從漢書改正）。古者以天下奉一帝一后而節適（建本作適節），今富人大賈屋壁得爲帝服（富人，建潭本作貴人，訛），賈婦優倡下賤產子得爲后飾，然而天下不屈者，殆未有也。且帝之身（建潭本且下衍主字）自衣阜綈，而靡賈侈貴牆得被繡；后以緣其領，孼妾以緣其履：此臣之所謂踳也（踳與舛同）。且試觀事理，夫百人作之不能衣一人也，欲天下之無寒，胡可得也一人耕之十人聚而食之欲天下之無飢胡可得也飢寒切於民之肌膚之欲天下以下十七字建本誤脫去潭本有唯無中間一之字欲其無爲姦邪盜賊不可得也國已素屈矣姦邪盜賊特須時爾歲適不爲如雲而起耳不爲不成也見春秋繁露又續漢律歷志注引易緯有雜稻不爲麥不爲之語若夫不爲見室滿胡可勝撫也若夫十二字難曉必是安竄入夫錞此而有安上者殆未有也錞此猶言際此山海經騩山是錞于西海敦題之山是錞于北海錞章閏反郭注猶堤埻也是則今人之所云邊際耳今也平居則無茈施茈與柴同茈施猶藩籬也不敬而素寬有故必困然而獻計者類曰無動爲大耳夫無動而可以振天下之敗者何等也此下建本有曰爲大夫治可也若爲大亂

豈若其小十五字於義無當潭本同但無夫字今並删去悲夫俗至不敬也至無等也至冒其上也進計者猶曰無爲可爲長大息者此也

銅布

銅布於下爲天下菑何以言之銅布於下則民鑄錢者大抵必雜石鉛鐵焉漢書石作呂黥罪日繁此一禍也銅布於下僞錢無止錢用不信民愈相疑此二禍也銅布於下采銅者棄其田疇家鑄者損其農事穀不爲則鄰於飢此三禍也故不禁鑄錢則錢常亂黥罪日積是陷阱也且農事不爲有疑爲菑疑別本作罪故民

鑄錢不可不禁上禁鑄錢必以死罪鑄錢者禁則錢必還重錢重則盜鑄錢者起則死罪又復積矣銅使之然也故銅布於下其禍博矣今博禍可除七福可致何謂七福上收銅勿令布下則民不鑄錢黥罪不積一銅不布下則僞錢不繁民不相疑二銅不布下不得采銅不得鑄錢則民反耕田矣三銅不布下畢歸於上上挾銅積以御輕重錢輕則以術斂之錢重則以術散之則錢必治貨物必平矣四（本無貨物必平四字舊校者依漢書增入今從之）挾銅之積以鑄兵器以假貴臣小大多少各有制度以別貴賤以差上下則等級明矣五挾

銅之積以臨萬貨以調盈虛以收倍羨倍潭本作崎一作奇則官必富而末民困矣六挾銅之積制吾弃財以與匈奴逐爭其民則敵必壞矣壞潭本作懷漢書同宋祁云當作壞今從建本此下潭本有一七字案下云此謂之七福句相比近則七字可省建本無此謂之七福謂之七福誤倒故善爲天下者因禍而爲福轉敗而爲功今顧退七福而行博禍可爲長大息者此其一也

壹通

所謂建武關函谷臨晉關者大抵爲備山東諸侯也秦南有武關秦昭王詐楚懷王處也東有函谷臨晉關建本建武關作建武開誤今從潭本意林無上關字天子之制在陛下今大諸侯多其力因建關而備

之若秦時之備六國也豈若定地勢使無可備之患因行兼愛無私之道罷關一通天下無以區區獨有關中者所爲禁游宦諸侯及無得出馬關者所爲本作所謂誤今改正豈不曰諸侯得衆則權益重其國衆車騎則力益多故明爲之法無資諸侯於臣之計疏山東孽諸侯不令似一家者其精於此矣潭本精作積豈若一定地制令諸侯之民句人騎二馬不足以爲患益以萬夫不足以爲害今不定大理數起禁不服人心害兼覆之義不便

天子都長安而以淮南東南邊爲奉地彌道數千不

輕致輸（致輸誤倒）郡或乃越諸侯而有免侯之地於遠方調均發徵又且必同大國包小國爲境小國闊大國而爲都（闊當作廓）小大駮躒遠近無衰天子諸侯封畔之無經也至無狀也以藩國資彊敵以列侯餌篡夫至不得也陛下柰何久不正此（自天子都長安以下與首卷益壤篇意義相同與前段罷闕意不相承接舊本皆連前非也今改提行分作二段）

屬遠　事勢

古者天子地方千里中之而爲都輸將繇使其遠者不在五百里而至（不在當作不出下同建本脫至字今補）公侯地百里中之而爲都輸將繇使遠者不在五十里而至輸將

者不苦其勞（潭本作力）繇使者不傷其費故遠方人安其居士民皆有驩樂其上（有字衍文潭本上作土）此天下之所以長久也（潭本以作能别本以上有能字）及秦而不然秦不能分尺寸之地欲盡自有之耳輸將起海上而來一錢之賦耳十錢之費弗輕能致也上之所得者甚少而民毒苦之甚深故陳勝一動而天下不振今漢越兩諸侯之中分而乃以廬江之爲奉地（之字衍别本作爲之奉地亦訛）雖秦之遠邊過此不遠矣令此不輸將不奉主非奉地義也尚安用此而久縣其心哉若令此如奉地之義是復秦之迹也竊以爲不便夫淮南窳民貧鄉也繇使長

安者自悉以補行中道而衣行勝已贏弊矣彊提荷弊衣而至慮非假貸自詣非有以所聞也履蹻不數易不足以至錢用之費稱此苦甚竊以所聞縣令丞相歸休者慮非甚彊也不見得從者此段文多重沓案漢書云淮南吏民繇役往來長安者自悉而補中道衣敝錢用諸費稱此其苦屬漢而欲得王至甚語簡而明此但依傷漢書而增演之耳行勝似當作行縢潭本作不勝又自詣作自儲非有以所聞也似謂未有以聞也然中間又隔以履蹻不數易數語參錯無緒下似謂乘丞相歸休之日告之欲其轉聞於上而無見從者其縣令等字又是行文夫行數千里絕諸侯之地而縣屬漢其勢終不可久漢往者家號泣而送之其來繇使者家號泣而遣之俱不相欲也甚苦屬漢而欲王類至甚也

逋遁而歸諸侯者類不少矣陛下不如蚤定毋以資
姦人

親疏危亂 事勢

陛下有所不爲矣臣將不敢不畢陳事制假令天下如曩也起二語殊不類舊假字下又衍設字今刪曩下本或有時字淮陰侯尚王楚黥布王淮南彭越王梁韓信王韓張敖王趙貫高爲相盧綰王燕陳豨在代令六七諸公皆無恙案其國而居當是時陛下卽天子之位試能自安乎哉臣有以知陛下之不能也天下殽亂建本訛作豪亂潭本作淆亂別本作殽亂與漢書同今從之高皇帝與諸侯併肩而起諸侯潭本作諸公又併作折首

非有側室之勢以豫席之也諸侯率幸者乃得爲中涓建潭本乃作仍今從別本其次僅得爲舍人高皇帝南面稱帝諸公皆爲臣潭本無皆字材之不逮至遠也高皇帝五年即天子之位割膏腴之地以王有功之臣多者百餘城少者乃三四十縣德至渥也然其後十年之閒反者九起幾無天下者五六陛下之與諸公也非親角材而臣之也又非身封王之也潭本身下有親字自高皇帝不能以是一歲爲安陛下獨安能以是自安也然尚有可諉者曰疏臣請試言其親者假令悼惠王王齊元王王楚中山王王趙漢書作中子王趙此誤幽王王淮陽

共王王梁靈王王燕厲王王淮南六七貴人皆無恙各案其國而居當是時陛下即天子之位能爲治乎臣又竊知陛下之不能也諸侯王雖名爲人臣實皆有布衣昆弟之心慮無不宰制而天子自爲者建本布衣上無有字潭本宰作帝漢書同擅爵人赦死罪甚者或戴黃屋漢法非立漢令非行也雖離道如淮南王者令之安肯聽召之焉可致幸而至法安可得尚動一親戚天下環視而起天下安可得制也陛下之臣雖有悍如馮敬者乃啓其口匕首已陷於胸矣乃潭本從漢書作適陛下雖賢誰與領此建本作誰與領諸侯此所謂親也者多七字潭本無者字餘同今依漢書去之故

疏必危親必亂陛下之因今以爲治安奈何知其必且危亂也然且吟齘而堅控守之爲何如制以緋相懸吟齘疑當作噤齘方言作馮齘音皆相同怒也緋字書無考其義未詳此下舊有臣能令知亂如今利百金十字此等皆傭書無知小人所爲不顧文理唯欲篇幅稍溢利多得金耳亟當刊去毋令淆穢本書也

憂民事勢

王者之法民三年耕而餘一年之食九年而餘三年之食三十歲而民有十年之蓄故禹水九年建本作八年案無蓄篇作九年是也今從潭本湯旱七年甚也野無青草而民無飢色道無乞人歲復之後猶禁陳耕古之爲天下誠有

具也王者之法國無九年之蓄謂之不足無六年之蓄謂之急無三年之蓄曰國非其國也今漢興三十年矣（三十漢書作四十）而天下愈屈食至寡也陛下不省邪未穫年富人不貸貧民且飢（潭本穫年作獲耳富人作當今）天時不收請賣爵鬻子既或聞耳曩頃不雨（曩頃二字不成語此篇妄竄者甚多難以盡正）令人寒心壹雨爾慮若更生天下無蓄若此甚極也其在王法謂之何必須困至乃慮窮至乃圖不亦晚乎（此下有竊伏念之愈使人悲八字係後人妄竄今刪去）然則所謂國無人者何謂也有天下而欲其安者豈不在於陛下者哉（本俱脫不在二字舊校本增今從之）上弗自憂將以誰偷五歲小

折旹

康十歲一凶三十歲而一大康蓋曰大數也此下舊有自人人相食至於今若干年矣十二字似此豈復成成世界作此胡說可謂全無人氣矣即不幸有方二三千里之旱天下何以相救卒然邊境有數十萬之衆聚潭本無之字天下將何以饋之矣兵旱相承民塡溝壑剽盜攻擊者興繼而起中國失救外敵必駭一日而及此之必然積貯一疏此劃裂爲二其一篇名無蓄在第四卷中皆改頭換面無完善者此處漢書但云廼駭而圖之豈將有及乎今改云云建本潭本皆作一日而乃此之以然此正妄竄者故爲脫爛使不可讀以見其古耳且用事之人未必此省爲八上弗自憂潭本作爲人上省弗自憂別本作弗自省憂魄然事困乃驚而督下曰此天也可柰何事既無如之何及方今始秋

時可善爲無如下建本有憂字潭本無此云方今始秋時可善爲鑄錢篇云方今始伏望可善圖隨手鈔襲皆是一手僞撰陛下少閒可使臣從丞相御史計之可使臣下建潭本有議字又此下有臣議詔所自用秩二千石上雖幸使議計勿厚疏殆無傷也有時矣二十六字亂湊不成語今刪去

解縣 事勢

天下之勢方倒縣竊願陛下省之也凡天子者天下之首也何也上也蠻夷者天下之足也何也下也潭本有今匈奴嫚侮侵掠五句係依漢書但此處自在後文今故從建本去之蠻夷徵令是主上之操也天子共貢是臣下之禮也足反居上首顧居下是倒縣之勢也天下倒縣莫之能解猶爲國有

人乎非特倒縣而已也又類躄且病痱夫躄者一面病痱者一方痛今西郡北郡（今字下建潭本有西爲上流東爲下流故隴西爲上東海爲下則北境一倒也二十三字係妄竄當刪漢書作今西邊北邊之郡）雖有長爵不輕得復五尺已上不輕得息苦甚矣中地左戍延行數千里糧食餽饟至難也斥候者望烽燧而不敢臥將吏戍者或介冑而睡而匈奴欺侮侵掠未知息時於焉望信威廣德難（潭本下有已字）臣故曰一方病矣醫能治之而上弗肎使也天下倒縣甚苦矣竊爲陛下惜之進諫者類以爲是困不可解也無具甚矣（困漢書作固）陛下肎幸聽臣之計請陛下舉中國之禍而從之

匈奴（從字疑徙）中國乘其虛而奮彊匈奴伏其辜而殘亡係單于之頸而制其命伏中行說而笞其背舉匈奴之衆唯上之令（舊本此下有殺之乎生之乎次也八字亦係妄竄今刪去）陛下威憚大信德義廣遠據天下而必固稱高號誠所宜（潭本作所誠宜）倪視中國遠望四夷莫不如志矣然後退齋三日以報高廟令天下無愚智男女皆曰皇帝果大聖也胡忍以陛下之明承天下之資而久爲戎人欺傲若此可謂國無人矣

威不信事勢

古之正義東西南北苟舟車之所達人迹之所至莫

所書

不率服而後云天子德厚焉澤湛焉而後稱帝又加美焉而後稱皇今稱號甚美而實不出長城彼非特不服也又大不敬邊長不寧中長不靜譬如伏虎見便必動將何時已昔高帝起布衣而服九州今陛下杖九州而不行於匈奴竊爲陛下不足且事勢有甚逆者焉（下有其義九要四字不成文理今刪去）天子者天下之首也何也上也蠻夷者天下之足也何也下也蠻夷徵令是主上之操也天子共貢是臣下之禮也足反居上首顧居下是倒植之勢也（此一段五十八字已見前篇潭本此處不載）天下之勢倒植矣（建潭本作天子）莫之能理猶爲國有人乎德可

遠施威可遠加舟車所至可使如志而特捫然數百里而威令不信可爲流澌者此也捫然疑攔然左傳攔然授兵登陴

新書卷第三

新書
卷三

新書卷第四

匈奴 事勢

竊料匈奴控弦大率六萬騎建潭本控弦作抒彊大率作大枉皆訛今從別本五口而出介卒一人五六三十此卽戶口三十萬耳潭本無此字未及漢千石大縣也而敢歲言侵盜建潭本脫漢字而下衍欲字今俱從別本增刪屢欲亢禮妨害帝義甚非道也陛下何不使能者一試理此將爲陛下以耀蟬之術振之潭本無將字荀子耀蟬者務明其火振其木而已此卽三表五餌之喻爲此立一官置一吏以主匈奴誠能此者潭本作荀誠能者雖以千石居之可也陛下肎聽其事計令中國日治匈奴日危大

國大富匈奴適亡數語亦多增竄建本潭本令上有彼字別本彼作設亦訛今刪吒犬馬行理勢然也吒當作吒將必以匈奴之衆爲漢臣民制之令千家而爲一國列處之塞外自隴西延至遼東別本延下有安字衍各有分地以衞邊使備月氏灌窳之變灌窳疑當作窳渾縣名在朔方郡一說窳乃瓜字之訛灌瓜卽退讓篇所云者也皆屬之直郡句然後罷戎休邊句○戎疑當作戍民天下之兵帝之威德內行外信四方悅服則愚臣之志快矣不然帝威不遂心與嘿嘿竊聞匈奴當今遂羸潭本有北字此其示武昧利之時也而隆義渠東胡諸國又頗來降別本隆上有建字以臣之愚匈奴且動疑將一材而出奇厚贄以

責漢不大興不已勇午走急數十萬之衆積於北方天下安得食而饋之臨事而重困則難爲工矣潭本工作功陛下何不蚤圖建國者曰匈奴不敬辭言不順負其衆庶時爲寇盜撓邊境擾中國數行不義爲我狡猾爲此柰何對曰臣聞彊國戰智潭本彊作伯王者戰義帝者戰德故湯祝網而漢陰降舜舞干羽而南蠻服別本作三苗服今漢帝中國也宜以厚德懷服四夷舉明義博示遠方則舟車之所至人力之所及莫不爲畜潭本作蓄又孰敢忿然不承帝意建本作又且孰敢潭本作又孰敢且案且字衍忿與紛音義同見列子黃帝篇建本訛作盼臣爲陛下建三表設五餌臣爲陛下

舊皆作陛下爲臣今從舊人校本改以此與單于爭其民則下匈奴猶振槁也夫無道之人何宜敢捍此其久陛下肎幸用臣之計臣且以事勢諭天子之言使匈奴大衆之信陛下也潭本使作令爲通言耳必行而弗易夢中許人覺且不背其信陛下已諾若日出之灼灼建潭本若下有信字衍故聞君一言雖有微遠其志不疑仇讐之人其心不殆若此則信諭矣所圖莫不行矣一表圖建本作孤今依潭本臣又且以事勢諭陛下之愛令匈奴之自視也苟胡面而戎狀者其自以爲見愛於天子也猶弱子之遌慈母也若此則愛諭矣一表戎狀潭本作我狀又弱子作若子臣又

且諭陛下之好令胡人之自視也苟其技之所長與其所工一可以當天子之意若此則好諭矣一表愛人之狀好人之技人道信爲大操帝義也愛好有實已諾可期十死一生彼必將至此謂三表凡賞於國者此不可以均賞均則國窾也窾空而賞薄不足以動人舊本皆作尚薄訛故善賞者踔之說文踔踶也猶言踐踏也先使之失所望而後以恩加之彼必大喜過望矣此卽高祖之所以待英布也駮轢之從而時厚之令視之足見也誦之足語也乃可傾一國之心陛下幸聽臣之計則臣有餘財五字衍文臣有餘資自在末段始見或改此作則國有餘財亦非匈奴之來者家長已上固必衣繡家少者必衣

文錦（潭本少者上無家字）將爲銀車五乘大雕畫之駕四馬載綠蓋從數騎御驂乘且雖單于之出入也不輕都此矣令匈奴降者時時得此而賜之耳一國聞之者見之者希心而相告人人冀幸以爲吾至亦可以得此將以壞其目一餌匈奴之使至者若大降者也大衆之所聚也上必有所召賜食焉飯物故四五盛美胾膹炙肉（膹字書無之一本作腤卽豬字亦非辭疑膹肉二字爲衍文）具醯醢方數尺於前令一人坐此胡人欲觀者固百數在旁得賜者之喜也且笑且飯味皆所嗜而所未嘗得也令來者時時得此而饗之耳（潭本無耳字）一國聞之者見之者

垂羨而相告人馀僤其所自羨與涎同建潭本作湊別本作涕皆訛馀僤淮南子作僤馀高誘注云貪欲也音探豫文弨案當讀爲貪圖今人猶有此語以吾至亦將得此將以此壞其口一餌降者之傑也若使者至也上必使人有所召客焉令得召其知識胡人之欲觀者勿禁令婦人傅白墨黑猶言粉白黛黑也繡衣而侍其堂者二三十人或薄或揜爲其胡戲以相飯上使樂府幸假之但樂吹簫鼓鞀倒挈面者更進別本但作俾倒挈卽今所謂筋斗也面假面也舞者蹈者潭本蹈作踰時作少開擊鼓舞其偶人此卽優師戲也昔時乃爲戎樂昔夜也潭本作莫音暮攜手胥彊上客之後潭本作之待婦人先後扶侍之者固十餘人潭本侍作所昔

持使降者時或得此而樂之耳 使降者潭本作令使者降者 一國聞之者見之者希盱相告 希盱喜悅皃 人人忣忣唯恐其後來至也 忣忣與急急同 將以此壞其耳一餌凡降者陛下之所召幸若所以約致也陛下必時有所富必令此有高堂邃宇 建潭本必下衍一有字又建本富作官此作北皆訛 善廚處 句 大囷京 句 廄有編馬庫有陣車奴婢諸嬰兒畜生具令此時大具召胡客饗胡使上幸令官助之具假之樂令此其居處樂虞囷京之畜皆過其故 囷京建本作囷令或改作囷倉今從潭本 王慮出其單于或時時賜此而爲家耳 王慮句有訛字 匈奴一國傾心而冀人人忣忣唯恐其後來至也

將以此壞其腹一餌於來降者上必時時而有所召幸捬循而後得入官夫胡大人難親也若上於胡嬰兒及貴人子好可愛者胡潭本訛故今從建本及上兩本皆訛召今從別校本必召幸大數十人爲此繡衣好閑舊本皆作閼案下文有衣閑別校本改此作閑是也今從之且出則從居則更侍建本脫居字別本有之潭本作人上郎饗胡人也大轂抵也轂抵卽角抵也建本作轂抵訛客胡使也力士武士固近侍傍潭本力士作功士胡嬰兒得近侍側胡貴人更進得佐酒前上乃幸自御此薄使付酒錢時人偶之中庸仁者人也鄭讀如相人偶之人以意相慰問之言是漢時有此語乃相親愛之意建本之亦作人今從潭本爲閒則出繡衣具帶服賓餘時以賜之

上卽幸拊胡嬰兒擣遒之（擣遒猶騰倒也）戲弄之乃授炙幸自啗之出好衣閑且自爲贛之（舊校者改贛爲賜）上起胡嬰兒或前或後胡貴人既得奉酒出則服衣佩綬貴人而立於前令數人得此而居耳一國聞者見者希盱而欲人人忣忣惟恐其後來至也將以此壞其心一餌故牽其耳牽其目牽其口牽其腹四者已牽又引其心安得不來下胡抑抎也（抎隕也言降下胡人如隕墜之易前云下匈奴猶振槁也）此謂五餌若夫大變之應大約以權決塞因宜而行不可豫形尊翁主重相室多其長吏衆門大夫皆謀士也必足之財且用吾人且用其尊觀其限竆

其謀中外符節適縛拘也字書不載縛字案白樂天詩鳥以能言縛龜緣入夢烹縛爲羈紲之義則此當謂繫屬而固結之也夫或人且安得久悍若此潭本悍作捍故三表已諭五餌既明則匈奴之中乖而相疑矣使單于寢不聊寐食不甘口潭本作飯失其口揮劍挾弓而蹲穹廬之隅揮劍潭本作禪劍別本作彈劍左視右視以爲盡仇也彼其羣臣雖欲毋走若虎在後衆欲無來恐或軒之猶言先之在其前也此謂勢然其貴人之見單于猶迓虎狼也其南面而歸漢也猶弱子之慕慈母也其衆之見將吏猶噩迓仇讐也衆下潭本有人字南鄉而欲走漢猶水流下也將使單于無臣之使無民之守夫惡得不係

頸頓顙請歸陛下之義哉潭本作稽顙此謂戰德彼匈奴見署且引衆而遠去連此有數此潭本作比夫關市者固匈奴所犯滑而深求也願上遣使厚與之和以不得已許之大市使者反因於要險之所多爲鑿開衆而延之關吏卒使足以自守大每一關屠沽者賣飯食者美臛炙膹者潭本吏卒作卒吏或卒史之訛又大作夫又炙膹倒膹房粉切亦臛也每物各一二百人則胡人著於長城下矣著章畧切是王將彊北之必攻其王矣以匈奴之飢飯羹啗膹胾嗺潳多飲酒胾俗炙字嗺羽斂切大口也潳字書無考此則亡竭可立待也賜大而愈飢多財而愈困潭本作財盡而愈困訛今從別本漢者所

者心而慕也則匈奴貴人以其千人至者顯其二三以其萬人至者顯其十餘人夫顯榮者招民之機也故遠期五歲近期三年之內匈奴亡矣此謂德勝或曰建潭本皆無或字別本有建三表明五餌盛資翁主禽敵國而后止費至多也惡得財用而足之對曰請無敢費御府銖金尺帛然而臣有餘資問曰何以對曰國有二族方亂天下甚於匈奴之爲邊患也使上下踳逆天下窾貧建本窾作窶盜賊罪人蓄積無已此二族爲祟也上去二族弗使亂國天下治富矣治當作殆臣賜二族使祟匈奴過足言者或曰天子下臨人民憙之建本作天子不

臨人民患之潭本不臨作不怵患作㥆今案不字當作下形近而訛耳下同㥆與患同曰苟或非天子民尚豈天子也詩曰普天之下莫非王土潭本無此二句率土之濱莫非王臣王者天子也別本作王者於天下苟舟車之所至人迹之所及雖蠻夷戎狄孰非天子之所哉潭本夷作貊又之所哉訛作之所所作也建本此下又有莫非天子之所作也八字係衍文當刪而慉渠頫率天子之民以不聽天子則慉渠大罪也毛詩鄭箋云慉驕也今天子自爲懷其民天子之理也豈下臨人之民哉潭本之理上無天子二字末句作豈有怵人之民哉訛

勢卑事勢

匈奴侵甚侮甚遇天子至不敬也爲天下患至無已

也以漢而歲致金絮繒綵是入貢職於蠻夷也顧爲戎人諸侯也〔建本作顧爲戎人爲諸侯也潭本亦有下爲字訛今依漢書改〕勢既卑辱而禍且不息長此何窮陛下胡忍以帝皇之號特居此〔建潭本特作持〕臣竊料匈奴之衆〔臣建本作賓別本作賓皆訛今從潭本〕不過漢一千石大縣以天下之大而困於一縣之小甚竊爲執事羞之陛下有意胡不使臣一試理此夫胡人於古小諸侯之所銍權而服也〔銍權未詳〕奚宜敢悍若此以臣爲屬國之官以主匈奴因幸行臣之計半歲之內休屠飯失其口矣少假之閒休屠繫頸以草膝行頓顙請歸陛下之義唯上財幸而後復罷屬國

之官臣賜歸伏田廬不復洿末廷則忠臣之志快矣今不獦猛獸而獦田彘獦後人用以代獵字顏師古曰獵化爲獦過成鄙俗今諸書多通用故不改猛獸以喻匈奴潭本作猛敵訛今從建本不搏反寇而搏蓄菟菟與兔同此從建本所獦得毋小所搏得毋不急乎諸本竝脫不字舊人校增今從之玩細虞建本玩作繁別本作繁細是虞今從潭本不圖大患非所以爲安

淮難　事勢

竊恐陛下接王淮南王子句首舊有一字衍王子別本作諸子與漢書同建本無諸字今從潭本曾不與如臣者孰計之也淮南王之悖逆亡道舊本竝作淮南王來入赴千乘之君不成語今依漢書改正陛下爲頓顙謝

罪皇太后之前淮南王曾不誚讓（別本作譙讓潭本訛醮讓）敷留之罪無加身者（敷留未詳）舍人橫制等室之門追而赦之吏曾不得捕（等室他無所見疑是靜室郎前階級篇之淸室也得捕別本作省捕潭本作吏曾不捕）王人於天子國橫行不辜而無譴乃賜美人多載黃金而歸侯邑之在其國者畢徙之佗所（徙舊本皆訛從家薄昭予厲王書云皇帝初即位易侯邑在淮南者大王不肎皇帝卒易之使大王得三縣之實甚厚則此當作徙字）陛下於淮南王不可謂薄矣然而淮南王天子之法咫蹂促而弗用也（此篇多以咫代則字蹂促猶蹂蹴潭本作踈促而下有使字）皇帝之令咫批傾而不行天下孰不知天子選功臣有職者以爲之相吏王慠不踏蹴而逐耳（潭本脫傾）

（而不行以下十八字建本有勸當作勸建本作堇亦僅字也今從潭本）無不稱病而走者天下孰弗知（建潭本脫孰字今從別本增下孰弗弗知句同）曰接持怨言以誹謗陛下之爲皇太后之饋賜逆拒而不受（逆拒建本訛逆聊潭本作逆抑亦訛今從別本）天子使者奉詔而弗得見僵臥以發詔書天下孰不知聚罪人奇狡少年通棧奇之徒啓章之等（建潭本並作棧奇卽柴奇說見五美篇）而謀爲東帝天下孰弗知淮南王罪已明陛下赦其死罪解之金道以爲之神（金道當作嚴道以爲之神不可曉當屬衍文）其人自病死陛下何負天下大指孰能以王之死爲不當陛下無負也如是咫淮南王罪人之身也淮南子罪人之子也奉尊罪

人之子適足以負謗於天下耳無解細於前事[六字贅可删潭本又衍一也字]且世人不以肉爲心則已若以肉爲心人之心可知也[潭本無世字若字下無以字又舊本竝作人之可知也今從舊人校本增]今淮南子[潭本子上有王字]少壯聞父辱狀是立咫泣洽衿[是立咫下舊有焉字衍衿建潭本皆訛矜今從別本]臥咫泣交項腸至腰肘如繆維耳豈能須臾忘哉是而不如是[句○別本如作知則是字當屬下句]非人也陛下制天下之命而淮南王至如此極其子舍陛下而更安所歸其怨爾特曰勢未便事未發含亂而不敢言[含舊本皆訛舍今從別本]若誠其心豈能忘陛下哉白公勝所爲父報仇者報大父與諸伯父叔父也[叔下]

父字舊本並脫今依漢書增令尹子西司馬子綦皆親群父也無不盡傷子綦左傳作子期此與說苑同潭本訛子綦昔者白公之爲亂也非欲取國代王也建潭本作代主別本作代主今案當作代王爲發憤快志爾故挾匕首以衝仇人之匈固爲要俱靡而已耳漢書作固爲俱靡而已此處當作要與俱靡而已耳上固爲二字可省以下句有固字不當復也建潭本靡並皆作糜固非冀生也今淮南士雖小點布嘗用之矣士舊作王矣舊作耳潭本又無嘗字今並從舊人校本改漢存特幸耳夫擅仇人足以危漢之資於策安便雖割而爲四四子一心也也上舊本皆有未異二字贅甚今刪去豫讓爲智伯報趙襄子五起而不取者無他資力少也子胥之報楚也有吳之衆也

白公成亂也有白公之衆也闔閭富故句然使專諸刺吳王僚燕太子丹富故句然使荆軻殺秦王政然是承上語辭潭本然俱作能則當以故能二字連讀專諸與史記吳越春秋同潭本作鱄諸左傳作鱄設諸漢書作剸諸今陛下將尊不億之人與之衆積之財也億安也不億猶不靖也此段前益壞篇末舊本亦載之作不意潭本作不義此非有白公子胥之報於廣都之中者卽疑有專諸荆軻起兩柱之閒其策安便哉此所謂假賊兵爲虎翼者願陛下少留意計之舊本脫少字益壞篇末有之今補入

無蓄事勢

禹有十年之蓄故免九年之水湯有十年之積故勝

七歲之旱夫蓄積者天下之大命也苟粟多而財有餘何嚮而不濟以攻則取以守則固以戰則勝（建潭本無此句別本從漢書有）懷柔附遠何招而不至管子曰倉廩實知禮節衣食足知榮辱民非足也而可治之者自古及今未之嘗聞古人曰一夫不耕或爲之飢一婦不織或爲之寒生之有時而用之無節（潭本作無度）則物力必屈古之爲天下者至悉也（漢書作至孅至悉也孅與纖同）故其蓄積足恃今背本而以末食者甚衆是天下之大殘也（今背本而以末食者甚衆十字爲句漢書以作趨顏師古以趨末分句非也建本脫之字也字別本有潭本無字也）從生之害者甚盛是天下之大賊也汰流淫佚侈

靡之俗日以長是天下之大祟也（文多出後人所增竄漢書云淫侈之俗日以長是天下之大賊也無所謂大祟故下云殘賊公行正承上二者而言無意敷衍何所取哉）殘賊公行莫之或止大命泛敗莫之振救（泛敗漢書作將泛泛方勇反覆也建潭本俱訛作販敗此下又有何計者也事情安所取九字係妄竄今刪去）生之者甚少而靡之者甚衆天下之勢何以不危漢之爲漢幾四十歲矣公私之積猶可哀痛也故失時不雨民且狼顧矣歲惡不入請賣爵鬻子既或聞耳矣安有爲天下阽危若此而上不驚者世之有饑荒天下之常也（漢書作世之有饑穰天之行也）禹湯被之矣卽不幸有方二三千里之旱國何以相恤卒然邊境有急數十百萬之

衆國何以餽之矣衆上建本有聚字潭本聚字在衆字下皆衍文今刪兵旱相乘潭本作承與憂民篇同天下大屈勇力者聚徒而橫擊建潭本者聚二字倒今從別本罷夫羸老罷下建潭本衍一矣字上句結語非是今從別本易子孫而齕其骨政法未畢通也遠方之疑者竝舉而爭起矣畢建潭本竝作必爲人上者乃試而圖之豈將有及乎此下漢書云今敺民而歸之農皆著於本使天下各食其力末技遊食之民轉而緣南畮則蓄積足而人樂其所矣一段方見措置之實今缺之則下文所謂富安者語亦無根此皆妄人故爲異同以欺不學者耳可以爲富安天下而直以爲此廩廩也竊爲陛下惜之漢書誼疏止此今此本下又有王制曰國無九年之蓄謂之不足無六年之蓄謂之急無三年之蓄國非其國也其王制若此之迫也陛下柰何不使吏計所以爲此可以流涕者又是也五十九字亦

係妄人僞造竄入書中屢見之漢文帝使博士等作王制諸未必遽引之或謂禮記中之王制非即漢博士所作亦無左證上云爲陛下惜之下又云流涕鄙陋復沓乃小兒學語而未能者今皆删去

鑄錢事勢

法使天下公得顧租鑄錢此句之上舊本有廼者竊聞吏復鑄錢者民人抵罪多者一縣百數少者十數家屬知識及吏之所疑繫因惕咎及犇走者類甚不少僕未之得驗然其形必然抵禍罪者固乃始耳此無息時事甚不少於上大不便願陛下幸無忽八十一字甚不成文理此何等事而曰竊聞曰未之得驗然其形必然皆似夢中囈語且自稱曰僕以對陛下苟少知屬文者亦決不爲此又家屬之語亦出自近代此必皆趙宋時人所作僞竄入者不可以誣古人今删去之知言者當不以余爲妄但猶恨中間廁雜者不能盡薙之使無餘耳**敢雜以鉛鐵爲他巧者其罪黥**此句舊本無之若無此句則下文突云實皆黥罪罪爲無根矣今故從漢書補之并補下句首然

字然鑄錢之情非殽鈆鐵及石雜銅也不可得贏潭本無然鑄錢之四字情上有人字又也字作少而殽之甚微其利甚厚舊本甚微下云又易爲無異鹽羹之易而其利甚厚張法雖公鑄金賜而鑄者情必姦僞也云云沓掩無意今從漢書刪正名曰顧租公鑄法也而實皆黥罪也有法若此上將何賴焉夫事有召禍而法有起姦今令細民操造幣之勢各隱屏其家而鑄作建潭本作各隱親其家而公鑄作親字訛其家字公字皆衍文而公字尤爲矛盾故但刪此字因欲禁其厚利微姦建潭本厚利作大利訛雖黥罪日報其勢不止舊本此下有民理然也大白著法以請之則吏隨而搒之十七字悠繆不可曉潭本無法字餘亦同今刪去爲民設阱孰積於是舊本此下有上邪蚤圖之民勢且盡矣十字危言不切事實今刪去曩禁鑄錢死罪

積下今公鑄錢黥罪積下雖少異乎未具也民方陷溺上且弗救乎漢書於黥罪積下云爲法若此上何賴焉今此移掇於上而別換此十六字末具也別本作未甚也且世民用錢縣異而郡不同漢書但云又民用錢郡縣不同何其簡明蓋謂此郡縣與彼郡縣各不同也若縣屬于郡郡以統縣郡與縣不分地而治何云縣異而郡不同乎甚矣作僞者之謬也或用輕錢百加若干舊本又有輕小異行四字漢書無今刪或用重錢平稱不受法錢不立舊本又有將使天下操權族而八字不可曉亦漢書所無今刪吏急而一之乎則大煩苛而民弗任且力不能而勢不可施縱而弗苛乎則郡縣異而市肆不同小大異用錢文大亂夫苟非其術則何鄉而可哉夫農事不爲而采銅日蕃釋其耒耨冶鎔

鑪炭姦錢日繁，正錢日亡，善人怵而爲姦邪，愿民陷而之刑僇，黥罪繁積，吏民且日鬬矣。舊本又有少益於今四字，不知所謂，今刪去。將甚不祥，柰何而忽？國知患此，吏議必曰禁之。禁之不得其術，其傷必大。何以圉之？令禁鑄錢，錢必還重，四錢之粟必還二錢耳。重則盜鑄錢如雲而起，則弃市之罪又不足以禁矣。姦不勝而法禁數潰，舊本法禁倒，今從漢書易之。漢書此下接云銅使之然也云云，今截置於第三卷銅布篇中。此下則又安撰一段云：難言已大事也，久亂而弗蚤振，恐不稱陛下之明。凡治不得應天地星辰，有動非小故也。或累上德，陛下不可以怠。方今始伏，望可善圖也。五十三字不言所以救弊之實，而但云不可以怠，又云望可善圖也，澶漫何指？大抵作僞者之伎倆，或一篇析之爲三四，或於篇中移易其先後，或一字而增添數字，

一句而敷演數句以變亂古人之成文讀者多草草不與理會耳今畧審之謬妄自有不可得而掩者矣

新書卷第四

新書卷第五

傅職 連語

或稱春秋而爲之聳善而抑惡以革勸其心教之禮使知上下之則建本有宣字或校改作宜潭本無或爲之稱詩而廣道顯德以馴明其志教之樂以疏其穢而塡其浮氣塡與鎮同教之語使明於上世而知先王之務明德於民也教之故志使知廢興者而戒懼焉故志古先之志也建潭本作故設訛教之任術使能紀萬官之職任而知治化之儀教之訓典使知族類疏戚而隱比馴焉此所謂學太子以聖人之德者也學讀爲斆潭本作教或明惠施以道之忠明

長復以道之信長復謂久要不忘踐言也俗閒本作長短訛明度量以道之義明等級以道之禮明恭儉以道之孝明敬戒以道之事明慈愛以道之仁明僩雅以道之文僩與嫺同明除害以道之武明精直以道之罰明正德以道之賞明齋肅以道之教潭本作敬此所謂教太子也左右前後莫非賢人以輔相之揔威儀以先後之攝體貌以左右之制義行以宣翼之潭本作儀行建本作義德今從別本章恭敬以監行之勤勞以勸之孝順以內之敦篤以固之忠信以發之德言以揚之此所謂順者也此傅人之道也非賢者不能行天子不諭於先聖人之德不知君國

畜民之道，不見禮義之正，不察應事之理，不博古之典傳，不閑於威儀之數，詩書禮樂無經，天子學業之不法（大戴禮作學業不法，無天子之三字），凡此其屬太師之任也。古者齊太公職之。天子不姻於親戚，不惠於庶民，無禮於大臣，不忠於刑獄，無經於百官，不哀於喪，不敬於祭，不誠於戎事（建潭本誠作直，案輔佐篇云有戎事之誠，今從別本作誠字，大戴同），不信於諸侯，不誠於賞罰，不厚於德，不彊於行（建潭本脫行字，大戴有），賜予侈於左右近臣，忝授於疏遠卑賤（忝各同，大戴忝授作鄰愛，鄰亦與各同），不能懲忿忘欲，大行、大禮、大義、大道不從太師之教，凡此其屬太傅之任也。古者魯周公職之。

天子處位不端受業不敬教誨諷誦詩書禮樂之不經不法不古（教誨下十五字大戴無案不古二字衍文）言語不序音聲不中律將學趨讓進退即席不以禮登降揖讓無容視瞻俯仰周旋無節妄咳唾數顧趨行（趨行讀促行句絕建本下有得字別本又作不德大戴作不得）色不比順隱琴肆瑟凡此其屬太保之任也古者燕召公職之天子燕辟廢其學（建潭本作燕業及其學訛）左右之習詭其師答遠方諸侯遇貴大人不知大雅之辭答左右近臣不知已諾之適倜問小誦之不博不習（倜問別本作簡閒大戴同）凡此其屬少師之任也古者史佚職之天子居處出入不以禮衣服冠帶不以制

御器在側不以度雜綵從美不以章潭本作不以彰德少下二句忿怒說喜不以義賦與嘸讓不以節嘸當作譙小行小禮小義小道當有不從太保之教六字凡此其屬少傅之任也天子居處燕私安所易大戴作安易如易而通如樂而湛夜漏屏人而數下疑有脫文大戴無此六字大飲酒而醉食肉而飽飽而彊食飢而惏別本下有食字潭本惏作餧建本作餕字書無饑字或二字誤合大戴作飽而強飢而惏無兩食字暑而暍寒而懦別本作嗽大戴同寢而莫宥坐而莫侍建潭本作恃訛行而莫先莫後帝自為開戶自取玩好自執器皿亟顧還面大戴作環面注環旋也而器御之不舉不臧大戴無而字器御臧作藏倒折毀喪傷凡此其屬少保之任也干戚戈

斫書

羽之舞管籥琴瑟之會號呼謌謠聲音不中律燕樂雅訟逆樂序凡此其屬詔工之任也（訟與頌同潭本作頌逆大戴作迭）不知日月之不時節（次不字大戴無）不知先王之諱與國之大忌不知風雨雷電之告（潭本作情建本作淸皆訛）凡此其屬太史之任也

保傅 連語

殷爲天子二十餘世而周受之（潭本二十作三十訛）周爲天子三十餘世而秦受之秦爲天子二世而亡人性非甚相遠也何殷周之君有道之長（潭本有也字）而秦無道之暴也其故可知也古之王者太子初生固舉以禮使

士負之有司齋肅端冕見之南郊見于天也過闕則下過廟則趨孝子之道也故自爲赤子而敎固已行矣昔者周成王幼在襁褓之中召公爲太保周公爲太傅太公爲太師保保其身體傅傅之德義師道之教訓三公之職也於是爲置三少皆上大夫也曰少保少傅少師是與太子燕者也太子建潭本作天子訛故孩提有識潭本故下有廼字與漢書同大戴無三公三少固明孝仁禮義以道習之逐去邪人不使見惡行於是皆選天下之端士孝悌博聞有道術者以衞翼之使與太子居處出入故太子初生而見正事聞正言行正道左右前後

皆正人也習與正人居之不能無正也猶生長於齊之不能不齊言也習與不正人居之不能無不正也猶生長於楚之不能不楚言也（潭本脫不能無正也以下共二十四字建本亦同又不正也無也字楚之下有地字潭本楚言作楚聲）故擇其所嗜必先受業乃得嘗之擇其所樂必先有習乃得爲之孔子曰少成若天性習貫如自然是殷周之所以長有道也

及太子少長知好色則入于學（知好色之語乃約畧其年歲之所至耳如孟子論人曰少曰知好色曰有妻子曰仕皆謂其年少壯所當偁也宋儒譏賈子知妃色下語未了宜極言防閑之道不當便接則入于學由不知當學者所日語意故爾輕詆潭本從漢書作知妃色）學之官也學禮曰帝入東學上親而貴仁則親疏有

序而恩相及矣帝入南學上齒而貴信則長幼有差而民不誣矣帝入西學上賢而貴德則聖智在位而功不遺矣（聖智潭本作賢智）帝入北學上貴而尊爵則貴賤有等而下不踰矣帝入太學承師問道退習而考於太傅太傅罰其不則而匡其不及則德智長而治道得矣（建潭本別本並作理道今從沈本）此五學者既成於上則百姓黎民化輯於下矣學成治就是殷周所以長有道也及太子既冠成人免於保傅之嚴則有司直之史有虧膳之宰（司直別本作司過與大戴同漢書作記過虧別本作徹潭本訛作勸）天子有過史必書之史之義不得書過則死而宰收其膳（而字

上大戴有過書二字宰之義不得收膳則死於是有進善之旌有誹謗之木有敢諫之鼓敢建本作箴瞽史誦詩工誦箴諫大夫進謀士傳民語習與智長故切而不愧化與心成故中道若性是殷周之所以長有道也三代之禮天子春朝朝日秋暮夕月所以明有敬也春秋入學坐國老執醬而親饋之所以明有孝也行以鸞和步中采薺趨中肆夏所以明有度也其於禽獸也見其生不忍其死聞其聲不嘗其肉故遠庖廚所以長恩且明有仁也食以禮徹以樂徹建本作飲潭本作收今從別本失度則史書之工誦之三公進而讀之宰夫減其膳是

天子不得爲非也建潭本脫也字別本有明堂之位曰篤仁而好學多聞而道順別本順作愼大戴同天子疑則問應而不窮者謂之道道者道天子以道者也常立於前是周公也誠立而敢斷建潭本作敢斷今從別本大戴同輔善而相義者謂之輔輔者輔天子之意者也大戴輔作充意作志常立於左是太公也潔廉而切直匡過而諫邪者謂之拂拂者拂天子之過者也末者字建潭本俱脫大戴有下句建本有者字常立於右是召公也博聞彊記捷給而善對者謂之承承者承天子之遺忘者也常立於後是史佚也故成王中立聽朝則四聖維之是以慮無失計而舉無過事殷周之

所以長久者其輔翼太子有此具也及秦而不然其俗固非貴辭讓也所上者告訐也固非貴禮義也所上者刑罰也使趙高傅胡亥而教之獄所習者非斬劓人則夷人之三族也故今日即位明日射人忠諫者謂之誹謗深爲之計者謂之妖言其視殺人若艾草菅然豈胡亥之性惡哉其所以習道之者非理故也鄙諺曰不習爲史而視已事（潭本作不習爲吏視已成事與漢書同大戴史亦作史而作如）又曰前車覆而後車戒（潭本無而字）夫殷周之所以長久者其已事可知也然而不能從（建本有者字）是不法聖智也秦之亟絶者其軌迹可見也然而不避

是後車又覆也夫存亡之反別本作變與漢書治亂大戴同沈本作故之機其要在是矣天下之命縣於太子太子之善在於蚤諭教與選左右心未濫而先諭教則化易成也建本濫作疑夫開於道術知義之指則教之功也若其服習積貫則左右而已矣夫胡越之人生而同聲嗜慾不異及其長而成俗也累數譯而不能相通行有雖死而不相爲者則教習然也臣故曰選左右蚤諭教最急夫教得而左右正則太子正矣太子正而天下定矣書曰一人有慶兆民賴之此時務也

連語 連語

紂聖天子之後也（潭本脱聖字）有天下而宊然苟背道棄義釋敬愼而行驕肆則天下之人其離之若崩其背之也不約而若期夫爲人主者誠奈何而不愼哉紂將與武王戰紂陳其卒左臆右臆鼓之不進皆還其刃顧以鄉紂也紂走還於寢廟之上身鬭而死左右弗肎助也紂之官衛與紂之軀棄之玉門之外民之觀者皆進蹴之蹈其腹蹷其腎踐其肺履其肝（潭本作頭）周武王乃使人帷而守之民之觀者搴帷而入提石之者猶未肎止可悲也夫埶爲民主直與民爲仇殃忿若此夫民尚踐盤其軀而況有其民政教乎（建本衍羞）

甚二字今從潭本去之臣竊聞之曰善不可謂小而無益不善不可謂小而無傷夫牛之爲胎也細若鼷鼠紂損天下自象箸始故小惡大惡一類也過敗雖小皆己之罪也已建本作紂周諺曰前車覆而後車戒今前車已覆矣而後車不知戒不可不察也潭本作而後人不知戒梁嘗有疑獄半以爲當罪半以爲不當別本亦有罪字下同建本別本又有雖梁王亦疑五字今從潭本去之梁王曰陶朱之叟以布衣而富侔國是必有奇智乃召朱公而問之曰梁有疑獄吏半以爲當罪半以爲不當雖寡人亦疑焉吾決是柰何新序吾下有子字潭本焉作爲非是朱公曰臣鄙人也不知當獄然臣家

有二白璧其色相如也其徑相如也其澤相如也（此五字建潭本俱脫新序有之別本同）然其價也一者千金一者五百金王曰徑與色澤皆相如也一者千金一者五百金何也朱公曰側而視之其一者厚倍之是以千金王曰善故獄疑則從去賞疑則從予梁國說（別本從新序作大說）以臣諠竊觀之墻薄咫亟壞繒薄咫亟裂器薄咫亟毀酒薄咫亟酸夫薄而可以曠日持久者殆未有也故有國畜民施政教者臣竊以爲厚之而可耳抑臣又竊聞之曰有上主者有中主者有下主者上主者可引而上不可引而下下主者可以引而下不可引而

上中主者可引而上可引而下故上主者堯舜是也夏禹契后稷與之爲善則行鯀讙兜欲引而爲惡則誅故可與爲善而不可與爲惡下主者桀紂是也推侈惡來進與爲惡則行推侈桀之臣見漢書古今人表建本訛爲雖侈別本又作隱侯棻韓非子作侯侈抱朴子良規篇作推哆即推侈也潭本作飛廉與惡來俱是紂臣而無桀臣非是比干龍逢欲引而爲善則誅諸書皆作龍逢近代多作龍逄薄江切故可與爲惡而不可與爲善所謂中主者齊桓公是也得管仲隰朋則九合諸侯豎貂子牙則餓死胡宫蟲流而不得葬故材性乃上主也賢人必合而不肖人必離國家必治無可憂者也若材性下主也邪人必

合賢正必遠坐而須亡耳又不可勝憂矣故其可憂者唯中主爾又似練絲染之藍則青染之緇則黑得善佐則存不得善佐則亡（譚本作無善佐則亡此其脫去上句建本有之）此其不可不憂者耳詩云芃芃棫樸薪之槱之濟濟辟王左右趨之此言左右日以善趨也故臣竊以爲練左右急也

輔佐　連語

大相上承大義而啓治道總百官之要以調天下之宦（舊本兹脫下字案後文有云天下失宦則此亦當作天下）正身行廣教化脩禮樂以美風俗兼領而和一之以合治安故天下失宦

國家不治則大相之任也上執正職一段大拂秉義立誠以翼上志直議正辭以持上行批天下之患匡諸侯之過令或釁而不通臣或鍫而不義大拂之任也中執政職一段大輔聞善則以獻知善則以獻明號令正法則須度量舊本須作領譌論賢良次官職以時巡循循即巡字如後云則先循于其方亦是徼巡之義循本或作巡後人遂妄增入使百吏敬率其業故經義不衷賢不肖失序大輔之任也下執事職一段道行典知變化以爲規是非明利害爲字疑衍掌僕及輿馬之度羽旄旌旗之制步驟徐疾之節春夏秋冬用之倫色潭本用作馬居車之容登降之禮見規宏諭見

過則調說文調爲譋之重文然此處義當與諫通故職不率義則道行之任也一段調諍典博聞以掌駟乘領時從調諍潭本作調訊二字古通用時從疑是侍從比賢能天子出則爲車右坐立則爲位承聖帝之德畜民之道禮義之正潭本義作樂應事之理則職以箴刑獄之衷賞罰之誠已諾之信百官之經喪祭之共戎事之誠身行之彊則職以諗遇大臣之敬遇小臣之惠坐立之端言默之序音聲之適揖讓之容俯仰之節立事之色則職以証出入不從禮衣服不從制御器不以度迎送非其章迎送建本作送逆忿說忘其義取予失其節安易而樂湛則職以諫故善不徹

過不閒侍從不諫則諫諍之任也一段典方典容儀以掌諸侯遠方之君謨之班爵列位軌伍之約五家爲軌五人爲伍潭本別本伍作任訛朝覲宗遇會同享聘貢職之數辨其民人之衆寡政之治亂率意道順僻淫犯禁之差第天子巡狩則先循于其方故或有功德而弗舉或有淫僻犯禁而不知典方之任也一段奉常典天以掌宗廟社稷之祀天神地祇人鬼凡山川四望國之諸祭吉凶妖祥占相之事序禮樂喪紀國之禮儀畢居其宜以識宗室觀民風俗審詩商命禁邪言息淫聲於四時之交有事於南郊以報祈天明句故歷天時不得

句事鬼神不序 句 經禮儀人倫不正奉常之任也 一段

祇師典春以掌國之衆庶四民之序以禮義倫理教訓人民方春三月緩施生遂動作百物是時有事于皇祖皇考 此下文脫案大戴禮千乘篇其文與此有相似者彼作司徒典春其下文不同至方春三月下云緩施生育動作百物於時有事享于皇祖皇考朝孤子八人以成春事司馬司夏云云方夏三月養長秀蕃庶物於時有事享于皇祖皇考爵士之有慶者七人以成夏事司寇司秋云云方秋三月收斂以時於時有事嘗于皇祖皇考食農夫九人以成秋事司空司冬云云方冬三月草木落庶虞藏五穀必入于倉於時有事蒸于皇祖皇考息國老六人以成冬事所以不全引大戴禮之文者彼亦有脫誤故也皇祖皇考建潭各本俱作皇考祖考今從大戴禮改正

問孝 闕

新書卷第五

新書卷第六

禮 連語

昔周文王使太公望傅太子發太子嗜鮑魚而太公弗與舊本嗜字上俱脫太子二字案當有又下作而公弗與無太字今從別本補曰禮鮑魚不登於俎豈有非禮而可以養太子哉曰字上建潭本有太公二字衍今從別本刪去尋常之室無奧剽之位則父子不別剽潭本作宊別本注云恐當作阼蓋本禮記仲尼燕居文室而無奧阼則亂於堂室也六尺之輿無左右之義則君臣不明尋常之室六尺之輿處無禮卽上下踳逆父子悖亂而況其大者乎故道德仁義非禮不成教訓正俗非禮不備分爭辨訟非禮不

涖君臣上下父子兄弟非禮不定宦學事師非禮不親班朝治軍莅官行法非禮威嚴不行禱祠祭祀供給鬼神非禮不誠不莊（譚本祠作祈）是以君子恭敬撙節退讓以明禮禮者所以固國家定社稷使君無失其民者也主主臣臣禮之正也（建本主臣不複今從譚本）威德在君禮之分也尊卑大小彊弱有位禮之數也禮天子愛天下諸侯愛境內大夫愛官屬士庶各愛其家失愛不仁過愛不義故禮者所以守尊卑之經彊弱之稱者也（建本無故字譚本有）禮天子適諸侯之宮諸侯不敢自阼階阼階者主之階也（舊本阼階字不重案當有）天子適諸侯諸侯

不敢有宮不敢爲主人禮也君仁臣忠潭本作惪下同君父慈子孝兄愛弟敬夫和妻柔姑慈婦聽禮之至也君仁則不厲建潭本並作厲今從別本臣忠則不貳父慈則教子孝則協兄愛則友弟敬則順夫和則義妻柔則正姑慈則從婦聽則婉禮之質也禮者臣下所以承其上也故詩云一發五豝吁嗟乎騶虞騶者天子之囿也虞者囿之司獸者也天子佐輿十乘以明貴也佴牲而食以優飽也佴貳同潭本作貳虞人翼五豝以待一發所以復中也人臣於其所尊敬不敢以節待敬之至也甚尊其主敬慎其所掌職而志厚盡矣作此詩者以其

事深見良臣順上之志也良臣順上之志者可謂義矣（建本上之訛作之下又脫下良臣順上之志六字又謂訛以今皆從潭本）故其嘆之也長曰吁嗟乎雖古之善爲人臣者亦若此而已禮者所以節義而沒不還（潭本沒作設）故饗飲之禮先爵於卑賤而后貴者始羞殽膳下浹而樂入始奏觴不下徧君不嘗羞（舊本嘗皆訛賞今改正）殽不下浹上不舉樂故禮者所以恤下也由余曰乾肉不腐則左右親苞苴時有筐篚時至則羣臣附官無蔚藏腌陳時發則戴其上詩曰投我以木瓜報之以瓊琚匪報也永以爲好也上少投之則下以軀償矣弗敢謂報願長以爲好古

之蓄其下者其施報如此國無九年之蓄謂之不足無六年之蓄謂之急無三年之蓄國非其國也民三年耕必餘一年之食九年而餘三年之食三十歲相通而有十年之積雖有凶旱水溢民無饑饉然後天子備味而食日舉以樂諸侯食珍不失句鍾鼓之縣可使樂也樂也者上下同之樂也二字舊不重非故禮國有飢人人主不飧國有凍人人主不裘潭本作不饔報四之日人主不舉樂歲凶穀不登臺扉不塗榭徹干侯建本脫不塗二字潭本有榭與序同所以習射之處干侯卽豻侯潭本作射徹侯今從建本馬不食穀馳道不除食減膳饗祭有闕故禮者自行之義養民

之道也受計之禮主所親拜者二聞生民之數則拜之聞登穀則拜之（潭本脫下句）詩曰君子樂胥受天之祜胥者相也祜大福也夫憂民之憂者民必憂其憂樂民之樂者民亦樂其樂與士民若此者受天之福矣

禮聖王之於禽獸也見其生不忍見其死聞其聲不嘗其肉隱弗忍也故遠庖廚仁之至也不合圍不掩羣不射宿不涸澤豺不祭獸不田獵獺不祭魚不設網罟鷹隼不鷙眭而不逮不出穎羅（眭音奚目深惡皃潭本訛睦別本訛睢今從建本又穎羅疑是罻羅）草木不零落斧斤不入山林昆蟲不蟄不以火田不䴥不卵不刳胎不殀夭（建本刳作剖下句舊）

皆脫夭字今從王制增入魚肉不入廟門鳥獸不成毫毛不登庖廚從潭本脫獸字取之有時用之有節則物蕃多湯曰昔蛛蝥作罟不高順不用命者寧丁我網其憚害物也如是別本此段文尤多云湯見祝網者置四面其祝曰從天墜者從地出者從四方來者皆罹吾網湯曰嘻盡之矣非桀其孰爲此湯求解其三面置其一面更教之祝曰昔蛛蝥作網今之人循緒欲左者左欲右者右欲高者高欲下者下吾取其犯命者其憚害物也如是漢南之國聞之曰湯之德及鳥獸矣四十國歸之其百十三字後諭誠篇有之此處自當從潭本爲是詩曰王在靈囿麀鹿攸伏麀鹿濯濯白鳥翯翯王在靈沼於仞魚躍言德至也仞物同此處唯潭本作仞而君道篇建潭本並作仞聖主所在魚鱉禽獸猶得其所況於人民乎故仁人行其禮則天下安而

萬理得矣逮至德渥澤洽建本逮作建調和大暢則天清澈地富煴煴盛意漢書禮樂志后土富媪疑卽煴形近而訛後人遂以母媪釋之物時熟民心不挾詐賊句氣脈淳化句攫齧摶擊之獸鮮句毒螫猛蚄之蟲密句毒山不蕃草木少薄矣鑠乎大仁之化也潭本作賊氣不相攫無摶擊之獸鮮毒螫猛蚄之蟲密毒山不蕃草木少薄矣樂乎大仁之化也字訛并句讀亦異中閒唯蚄字似勝蚄字蚄者蚜蚄食穀蟲也蚄舊本音丁宵反葢卽蛁蟟蒲葦中蟲鑠美也作樂非今一從建本

容經 連語

志有四興朝廷之志淵然清以嚴祭祀之志愉然思以和建本別本愉作諭今從潭本軍旅之志怫然慍然精以厲

紀之志漻然慼然憂以湫慼音愁潭本湫作下案意林作愁四志形中四色發外維如下有缺文潭本無維如二字

志色之經目上事也建本誤連上今倣後立容坐容之例改正潭本脫

容有四起朝廷之容師師然翼翼然整以敬祭祀之容遂遂然粥粥然敬以婉軍旅之容湢然肅然固以猛喪紀之容恸然慴然若不還建本脫肅然二字潭本有恸音幽憂也

容經

視有四則朝廷之視端沂平衡沂即流字潭本作若訛下同祭祀之視視如有將軍旅之視固植虎張喪紀之視下沂垂綱

言有四術言敬以和朝廷之言也和意林作正別本作固建本脫此字今從潭本文言有序祭祀之言也意林作和以序屏氣折聲軍旅之言也意林作併聲氣言若不足喪紀之言也

視經

言經建潭本並脫別本有

固頤正視平肩正背臂如抱鼓足閒二寸端面攝纓端股整足體不搖肘曰經立因以微磬曰建本此下空一行誤共立建潭本脫微字別本有因以磬折曰肅立因以垂佩曰卑立

立容潭本題在前非也下皆同

坐以經立之容胻不差而足不跌別本胻作胕視平衡曰經坐微俯視尊者之膝曰共坐仰首視不出尋常之內曰肅坐廢首低肘曰卑坐低卽低字潭本作係

坐容

行以微磬之容臂不搖掉肩不下上身似不則舊校改側從容而任

行容

趨以微磬之容飄然翼然肩狀若沢足如射箭

趨容

旋以微磬之容其始動也穆如驚倏其固復也旄如

濯絲

蹕旋之容蹕與盤同

跪以微磬之容揄右而下進左而起手有抑揚各尊其紀

跪容

拜以磬折之容吉事上左凶事上右隨前以舉項衡以下寧速無遲背項之狀如屋之丘潭本別本作斗訛丘疑卽低字所謂覆夏屋是也

拜容

拜而未起此條有脫文

伏容

坐乘以經坐之容手撫式視五旅（即曲禮所云立視五巂）欲無顧顧不過轂小禮動中禮式大禮下

坐車之容

立乘以經立之容右持綏而左臂詘存劒之緯欲無顧（建潭本無無字）顧不過轂小禮據中禮式大禮下

立車之容

禮介者不拜（建潭本脫者字）兵車不式不顧不言反抑式以應武容也

兵車之容

若夫立而跛（去智反建潭本訛技別本作跛）坐而蹁體怠懈志驕傲趮視數顧（趮與躁同舊皆訛趨）容色不比動靜不以度妄咳唾疾言嗟氣不順皆禁也（潭本此條前題總論非）

古者年九歲入就小學蹍小節焉業小道焉（尚書大傳蹍作踐此蹍亦踐也下同）束髮就大學蹍大節焉業大道焉是以邪放非辟無因入之焉諺曰君子重襲小人無由入正人十倍邪辟無由來古之人其謹於所近乎詩曰芃芃棫樸薪之槱之濟濟辟王左右趨之此言左右日以善趨也（建本槱作穧趨作超疑皆訛）

古者聖王居有法則動有文章位執戒輔鳴玉以行

鳴玉者佩玉也建本脫鳴玉者三字潭本有上有雙珩珩別本作葱珩大戴作雙衡下有雙璜衝牙蠙珠以納其閒琚瑀以雜之建潭本蠙作玭又納作網雜作類皆訛別本與大戴同今從之行以采薺趨以肆夏步中規折中矩潭本步作旋登車則馬行而鸞鳴鸞鳴而和應聲曰和和則敬建潭本和不重非故詩曰和鸞噰噰萬福攸同言動以紀度則萬福之所聚也故曰明君在位可畏施舍可愛進退可度周旋可則容貌可觀作事可法德行可象聲氣可樂動作有文言語有章以承其上以接其等以臨其下以畜其民故爲之上者敬而信之等者親而重之下者畏而愛之民者肅而樂之所以

是以上下和協而士庶順壹（潭本脫上字　壹建本作一）故能宗揖其國以藩衛天子而行義足法（潭本作宗輯案揖與輯同今從建本別本作綜揖非）夫有威而可畏謂之威有儀而可象謂之文（潭本作儀）富不可爲量多不可爲數故詩曰威儀棣棣不可選也棣棣富也不可選衆也言接君臣上下父子兄弟內外大小品事之各有容志也（古者聖王起建本提行至此當爲一段止而各本皆連下文非也今皆分段下倣此）

子贛由其家來謁於孔子孔子正顏舉杖磬折而立曰子之大親毋乃不寧乎放杖而立曰子之兄弟亦得無恙乎曳杖倍下而行曰妻子家中得毋病乎故

身之偃佝（佝與句同）手之高下顏色聲氣各有宜稱（建本各作若）所以明尊卑別疏戚也

子路見孔子之背磬折舉褎之（之字疑衍建本作哀譚本作裒皆訛）曰唯由也見孔子問之曰由也何以遺忘也（忘舊皆作亡）故過猶不及有餘猶不足也

語曰審乎明王執中履衡（譚本審作沉別本作況）言秉中適而據乎宜故威勝德則淳德勝威則施威之與德交若繆纆（繆與糾同纆舊皆作纏訛）且畏且懷君道正矣質勝文則野文勝質則史文質彬彬然後君子

龍也者人主之辟也亢龍往而不返故易曰有悔悔

者凶也潛龍入而不能出故曰勿用勿用者不可也龍之神也其惟蜚龍乎蜚與飛同潭本訛茲能與細細能與巨巨能與高高能與下下吾故曰龍變無常能幽能章故至人者潭本至作聖在小不寶在大不窕音挑肆也潭本作窕同狎而不能作習而不能順姚不惛卒不妄姚寬遠之意卒倉卒也饒裕不羸迫不自喪明是審非察中居宜此之謂有威儀

古之爲路輿也蓋圜以象天二十八橑以象列星潭本作列宿軫方以象地三十幅以象月故仰則觀天文俯則察地理前視則覩鸞和之聲四時之運此輿教之

道也別本作側聽則觀四時之運多四字與大戴同又建潭本運下有額字亦衍人主太淺則知闇太博則業厭二者異口同敗其傷必至故師傅之道既美其施又愼其齊當讀為劑適疾徐任多少造而勿趣稍而勿苦言皆以漸進也省其所省而堪其所堪故力不勞而身大盛此聖人之化也

春秋　連語

楚惠王食寒葅而得蛭因遂吞之腹有疾而不能食令尹入問曰王安得此疾王曰我食寒葅而得蛭念譴之而不行其罪乎是法廢而威不立也此下舊本有非所聞也四字不類譴而行其誅建本無其字潭本有則庖宰監食者元文今去之

法皆當死心又弗忍也故吾恐蛭之見也遂吞之令
尹避席再拜而賀曰臣聞皇天無親惟德是輔王有
仁德天之所奉也病不爲傷是昔也昔夜也潭本作夕今從建本
惠王之後而蛭出故其久病心腹之積皆愈故天之
視聽不可謂不察

衛懿公喜鶴鶴有飾以文繡而乘軒者建潭本脫下四字別本有
賦斂繁多而不顧其民貴優而輕大臣羣臣或諫則
面叱之及翟伐衛寇挾城堞矣挾猶薄也音子協反衛君垂泣
而拜其臣民曰寇迫矣士民其勉之士民曰君亦使
君之貴優將君之愛鶴以爲君戰矣我儕棄人也安

能守戰乃潰門而出走翟寇遂入衛君奔死遂喪其
國故賢主者不以草木禽獸妨害人民進忠正而遠
邪僞故民順附而臣下爲用今釋人民而愛鳥獸遠
忠道而貴優笑反甚矣人主之爲人主也舉錯而不
債者杖賢也今背其所主而棄其所杖其債仆也不
亦宜乎語曰禍出者禍反惡人者人亦惡之管子曰
不行其野不違其馬此違其馬者也

鄒穆公有令食鳧鴈者必以粃毋敢以粟於是倉無
粃而求易於民二石粟而易一石粃吏請曰以粃食
鴈爲無費也今求粃於民二石粟而易一石粃以粃

食鴈則費甚矣請以粟食之公曰去非而所知也夫百姓煦牛而耕曝背而耘苦勤而不敢惰者豈爲鳥獸也哉粟米人之上食也柰何其以養鳥也且汝知小計而不知大計周諺曰囊漏貯中而獨弗聞歟夫君者民之父母也取倉之粟移之與民此非吾粟乎鳥苟食鄒之粃不害鄒之粟而已粟之在倉與其在民於吾何擇鄒民聞之皆知其私積之與公家爲一體也

楚王欲淫鄒君乃遺之技樂美女四人穆公朝觀而夕畢以妻死事之孤故婦人年弗稱者弗蓄節於身

而弗衆也潭本衆作重王輿不衣皮帛御馬不食禾菽無淫僻之事無驕熙之行潭本熙作燕食不衆味衣不雜采自刻以廣民親賢以定國親民如子鄒國之治路不拾遺臣下順從若手之投心是故以鄒子之細魯衞不敢輕齊楚不能脅鄒穆公死鄒之百姓若失慈父行哭三月四境之鄰於鄒者士民鄉方而道哭抱手而憂行酤家不讎其酒屠者罷列而歸傲童不謳歌傲當讀爲遨春築者不相杵婦女抉珠瑱丈夫釋玦軒抉去也建潭本作扶訛抉卽決也鉤弓弦者一日環抉軒弓衣也音刊琴瑟無音朞年而後始復故愛出者愛反福往者福來易曰鳴鶴在陰其

子和之其此之謂乎故曰天子有道守在四夷諸侯有道守在四鄰

宋康王時有爵生鸇於城之陬使史占之曰小而生大必伯於天下康王大喜於是滅滕伐諸侯取淮北之城乃愈自信欲霸之亟成故射天笞地伐社稷而焚之曰威服天地鬼神罵國老之諫者爲無頭之棺以視有勇剖傴者之背（建潭本無者字別本有）斮朝涉之脛國人大駭齊王聞而伐之民散城不守王乃逃於郳侯之館遂得而死（別本作遂得病而死）故見祥而爲不可祥反爲禍（無頭之棺似訛國策作無顏之冠）

晉文公出畋，前驅還白：前有大蛇，高若堤，橫道而處。文公曰：還車而歸。其御曰：臣聞祥則迎之，妖則凌之。（潭本妖上有見字）今前有妖，請以從吾者攻之。文公曰：不可。吾聞之曰：天子夢惡則脩道，諸侯夢惡則脩政，大夫夢惡則脩官，庶人夢惡則脩身，若是則禍不至。今我有失行，而天招以妖我，（潭本招作召）我若攻之，是逆天命。乃歸齋宿而請於廟曰：孤實不佞，不能尊道，吾罪一；執政不賢，左右不良，吾罪二；飭政不謹，民人不信，吾罪三；本務不脩，以咎百姓，吾罪四；齋肅不莊，粢盛不潔，吾罪五。請興賢遂能，而章德行善，以導百姓，毋復前過乃退而脩政居三月建本作三日訛今從潭本而夢天誅大蛇曰爾何敢當明君之路文公覺使人視之蛇已魚爛矣文公大說信其道而行之不解遂至於伯故曰見妖而迎以德妖反爲福也

楚懷王心矜好高人無道而欲有伯王之號鑄金以象諸侯人君令大國之王編而先馬梁王御宋王驂乘周召畢陳滕薛衛中山之君皆象使隨而趨諸侯聞之以爲不宜故興師而伐之楚王見士民爲用之不勸也乃徵役萬人且掘國人之墓國人聞之振動晝旅而夜亂齊人襲之楚師乃潰懷王逃適秦克尹

殺之西河爲天下笑此好矜不讓之罪也不亦羞乎齊桓公之始伯也翟人伐燕桓公爲燕北伐翟乃至於孤竹反而使燕君復召公之職建潭本使字在燕君下非桓公歸燕君送桓公入齊地百六十六里桓公問於管仲曰禮諸侯相送固出境乎管仲曰非天子不出境桓公曰然則燕君畏而失禮也寡人恐後世之以寡人爲存燕而欺之也建潭本爲作能欺作朝今從別本乃下車而令燕君還車乃割燕君所至而與之建潭本割作剖遂溝以爲境而後去諸侯聞桓公之義曰不言而心皆服矣故九合諸侯莫不樂聽潭本作德扶興天子莫不勸從誠退讓

人孰弗戴也

二世胡亥之爲公子昆弟數人詔置酒饗羣臣召諸子賜食先罷胡亥下陛視羣臣陳履狀善者因行踐敗而去（建本狀作杖）諸侯聞之莫不太息及二世卽位皆知天下之棄之也（建潭本作之棄也別本作必棄之今從賈子本）

孫叔敖之爲嬰兒也出遊而還憂而不食其母問其故泣而對曰今日吾見兩頭蛇恐去死無日矣其母曰今蛇安在曰吾聞見兩頭蛇者死吾恐他人又見吾已埋之也（潭本無已字）其母曰無憂汝不死吾聞之有陰德者天報以福人聞之皆諭其能仁也及爲令尹

未治而國人信之

新書卷第六

新書 卷二

新書卷第七

先醒 連語

懷王問於賈君曰人之謂知道者先生何也賈君對曰此博號也大者在人主中者在卿大夫下者在布衣之士乃其正名非爲先生也爲先醒也彼世主不學道理則嘿然惽於得失不知治亂存亡之所由忳忳然猶醉也韓詩外傳作旺旺然而賢主者學問不倦好道不厭鋭然獨先達乎道理矣譚本別本作惠然獨先遇學道理矣故未治也知所以治未亂也知所以亂未安也知所以安未危也知所以危故昭然先寤乎所以存亡矣故曰先

醒辟猶俱醉而獨先醒也潭本作先發也故世主有先醒者有後醒者有不醒者昔楚莊王卽位自靜三年以講得失潭本作其失乃退僻邪而進忠正能者任事而後在高位內領國政治而外施教百姓內領國政下潭本作辟草而施教百姓富民恆一路不拾遺國無獄訟當是時也周室壞微天子失制潭本有矣字宋鄭無道欺昧諸侯莊王圍宋伐鄭鄭伯肉袒牽羊奉簪而獻國莊王曰古之伐者亂則整之服則舍之非利之也遂弗受乃南與晉人戰於兩棠潭本無南字此卽春秋宣十二年邲之戰大克晉人會諸侯於漢陽申天子之辟禁而諸侯說服莊王歸過申侯之

邑申侯進飯日中而王不食申侯請罪曰臣齋而具食甚潔日中而不飯臣敢請罪莊王喟然歎曰非子之罪也吾聞之曰其君賢君也而又有師者王其君中君也而有師者伯其君下君也而羣臣又莫若者亡今我下君也而羣臣又莫若不穀不穀恐亡無日也不穀建潭本皆不重建本作恐亡者也潭本作恐已有也更訛今從何燕泉本改正別本無日作自憂吾聞之世不絕賢天下有賢而我獨不得若吾生者何以食爲故莊王戰服大國義從諸侯戚然潭本戚然作戚戚憂恐聖智在身而自錯不肖思得賢佐日中忘飯可謂明君矣謂先寤所以存亡此先醒也舊本此下提行

所學

今案本爲一篇可不分段　昔宋昭公出亡至于境喟然歎曰嗚呼吾知所以亡矣吾被服而立侍御者數百人無不曰吾君麗者吾發政舉事朝臣千人無不曰吾君聖者吾外內不聞吾過吾是以至此吾困宊矣　嗚呼以下建潭本文多脫云吾知所以存亡被服而立侍御者數百人無不曰吾君麗者外內不聞吾過云云共脫去十七字別本略詳而文又多顛錯今補正之案韓詩外傳御者數十人朝臣數百人爲近實又發政舉事作發言動事　於是革心易行衣苴布食鱗餕　鱗字無考劉子雜組用此語亦無音訓疑當是豆食之餘屑　晝學道而夕講之二年美聞於宋　建潭本無於宋二字案當有　宋人車徒迎而復位卒爲賢君謚爲昭公既亡矣而乃寤　句　所以存此後醒者也　舊亦於此分段　昔

者虢君驕恣自伐諂諛親貴諫臣詰逐政治踳亂國人不服晉師伐之虢人不守虢君出走至於澤中曰吾渴而欲飲其御乃進清酒曰吾飢而欲食建潭本無曰字御進腶脯粱糗虢君喜曰何給也御曰儲之久矣曰何故儲之對曰爲君出亡而道飢渴也君下曰何故儲之同曰知寡人亡邪對曰知之曰知之何以不諫對曰君好諂諛而惡至言臣願諫恐先虢亡虢君作色而怒御謝曰臣之言過也爲閒君曰吾之亡者誠何也其御曰君弗知耶君之所以亡者以大賢也虢君曰賢人之所以存也乃亡何也對曰天下之君皆不肖夫

疾吾君之獨賢也故亡虢君喜據式而笑曰嗟賢固若是苦耶遂徒行而於山中居飢倦枕御膝而臥御以塊自易逃行而去（譚本易字在御字下）君遂餓死爲禽獸食此已亡矣猶不寤所以亡此不醒者也（以舊本並作存校者改作以舊亦於此分段）故先醒者當時而伯後醒者三年而復不醒者枕土而死爲虎狼食嗚呼戒之哉

耳痺（連語）

竊聞之曰目見正而口言枉則害陽言吉錯之民而凶則敗倍道則死障光則晦誣神而逆人則天必敗其事（誣神建本作無神）故昔者楚平王有臣曰伍子胥王殺

其父而無罪奔走而之吳曰父死而不死則非父之子也死而非補則過計也與吾死而不一明不若舉天地以成名潭本之吳下有王字死而非補上有子胥曰三字作兩人之言非是又脫一字建本亦衍王字今刪於是紆身而不□潭本空一字別本而不作而乃連下適字爲句不空適闔閭治味以求親闔閭見而安之潭本見作甚別本甚下無而字說其謀果其舉反其聽用而任吳國之政也民保命而不失歲時熟而不凶五官公而不私上下調而無尤天下服而□御闕處或補在字四境靜而無虞然後忿心發怒出凶言陰必死提邦以伐楚五戰而五勝伏尸數十萬城郢之門執高兵傷五藏之實毀十龍之[illegible][illegible]

鍾撻平王之墓昭王失國而奔妻生虜而入吳故楚平王懷陰賊殺無罪殃既至乎此矣（潭本無乎字）子胥發鬱冒忿輔闔閭而行大虐還十五年闔閭沒而夫差即位乃與越人戰江上棲之會稽越王之窮至乎吃山草（吃當與齕同）飲腑水易子而食於是履甓戴璧號唫告毋罪呼皇天使大夫種行成於吳王吳王將許子胥曰不可越國之俗勤勞而不慍好亂勝而無禮谿徼而輕絕（徼當作礉，慘礉也）俗好訕而倍盟放此類者鳥獸之儕徒狐狸之醜類也生之為患殺之無咎請無與成大夫種拊心嗥啼沫泣而言信（沫與靧同）割白馬而為犠指九天而爲證請婦人爲妾丈夫爲臣百世名實因閉宫爲積孤身爲關內諸侯世爲忠臣吳王不忍縮師與成還謀而伐齊子胥進爭不聽忠言不用越旣得成稱善累德以求民心於是上帝降禍絕吳命乎直江君臣乖而不調置社稷而分裂稷別本作稿疑是稿容臺榭而掩敗容建潭本作客又潭本榭作握別本作振犬羣嗥而入淵建潭本句上有則字今從別本去之堯衒葅而適輿衒建潭本訛作衡燕雀剖而虯蚍生虯即虺字潭本作蚖又蚍作蜿茲訛食蘊葅而蛭口別本蘊作蘊疑皆蘆字之異文潭本闕此字蛭口建本作作咥沐誤舊校者添一入字於口上浴清水而遇蠆伍子胥見事之不可爲也何籠而自投水目抉而望

東門望潭本作掛身鴟夷而浮江懷賊行虐深報而殃不辜禍至乎身矣越於是果逆謀負約襲剄夫差兼吳而捬潭本作襲邦剄口興兵伐吳而捬建本剄字作邦到皆訛又此下兩本皆衍闔閭二字今刪事濟功成范蠡負室而歸五湖潭本作負石而蹈五湖訛大夫種繫領謝室繫別本作縶字書無㱿謝室即請室渠如處車裂回泉渠如處當即皋如吳越春秋作何如自此之後句踐不樂憂悲荐至內崩而死故天之誅伐不可爲廣虛幽閒攸遠無人雖重襲石中而居其必知之乎若誅伐順理而當辜殺三軍而無咎誅殺不當辜殺一匹夫其罪聞皇天故曰天之處高其聽卑其牧芒此三字疑衍潭本空下二字其視察故凡

自行不可不謹慎也

諭誠 連語

湯見設網者四面張祝曰自天下者自地出者自四方至者皆罹我網湯曰嘻盡之矣非桀其孰能如此案前卷作非桀其孰爲此令去三面舍一面而教之祝曰蛛蝥作網今之人循緒本亦作脩緒新序作循序呂覽作學紓欲左者左欲右者右欲高者高欲下者下吾請受其犯命者新序作吾取其犯命者士民聞之曰湯之德及禽獸矣潭本作湯德之及於禽獸矣訛而況我乎於是下親其上

楚昭王當房而立愀然有寒色曰寡人朝飢時酒二

⿰酉旦（⿰酉旦字無攷）重裘而立猶憯然有寒氣將奈我元元之百姓何是日也出府之裘以衣寒者出倉之粟以振飢者居二年闔閭襲郢昭王奔隋（隨古亦省作隋）諸當房之賜者請還致死於寇（舊本皆作至死之寇訛今從舊人校本又別本請還下有戰字）闔閭一夕而五徙臥不能賴楚（潭本五作十又賴楚作安吳皆訛）曳師而去昭王乃復當房之德也

昔楚昭王與吳人戰楚軍敗昭王走屨決背而行失之屨（屨建本作履下並同皆屨匡也）行三十步復旋取屨及至於隋左右問曰王何曾惜一踦屨乎昭王曰楚國雖貧豈愛一踦屨哉思與偕反也（別本作惡與偕出弗與偕反也）自是之後楚

國之俗無相棄者

文王晝臥夢人登城而呼己曰我東北陬之槁骨也速以王禮葬我文王曰諾覺召吏視之信有焉文王曰速以人君禮葬之（禮字從舊校本增）吏曰此無主矣請以五大夫（別本有禮字或又添葬之二字）文王曰吾夢中已許之矣柰何其倍之也士民聞之曰我君不以夢之故而倍槁骨（而舊本皆訛不）況於生人乎於是下信其上

豫讓事中行之君智伯滅中行氏豫讓徙事智伯及趙襄子破智伯豫讓劑面而變容（劑舊人校改作劗）吞炭而爲噎（別本作啞）乞其妻所而妻弗識乃伏刺襄子五起而

弗中襄子患之食不甘味一夕而五易臥建本無而字潭本有五兩本皆作三見不全身人謂豫讓曰子不死中行而反事其讎何無恥之甚也潭本恥作可建本恥上又有可字皆訛令必碎身糜軀以爲智伯何其與前異也豫讓曰我事中行之君與帷而衣之與關而枕之夫衆人畜我我故衆人事之及智伯分吾以衣服建潭本脫以字又潭本衣服倒餡吾以鼎實餡當讀爲啗舉被而爲禮大夫國士遇我我國士爲之報故曰士爲知己者死女爲悅己者容非完言也故在主而已大夫以下潭本闕建本有之大夫朋本作是以疑建本訛遇字建本亦訛畜又固與故同又悅己下無者字案當與上句一例別本故曰以下闕

退讓 逋語

梁大夫宋就者爲邊縣令與楚鄰界梁之邊亭與楚之邊亭皆種瓜各有數梁之邊亭劬力而數灌其瓜美楚窳而希灌其瓜惡楚令因以梁瓜之美怒其亭瓜之惡也楚亭惡梁瓜之賢己因夜往竊搔梁亭之瓜皆有死焦者矣梁亭覺之因請其尉亦欲竊往報搔楚亭之瓜尉以請宋就曰惡是何言也是講怨分禍之道也講與構同見戰國策別本作搆怨召禍惡何稱之甚也若我教子必誨莫令人往竊爲楚亭夜善灌其瓜令勿知也於是梁亭乃每夜往竊灌楚亭之瓜楚亭旦而行

瓜舊作往瓜，今從新序改。行音下孟反則此已灌矣瓜日以美楚亭怪而察之則乃梁亭也楚令聞之大悅具以聞楚王聞之怨然醜以志自惛也新序作愬然愧以意自悶也告吏曰微搔瓜得無他罪乎說梁之陰讓也乃謝以重幣而請交於梁王楚王時則稱說梁王以爲信故梁楚之驩由宋就始語曰轉敗而爲功因禍而爲福老子曰報怨以德此之謂乎夫人既不善胡足効哉此條潭本全脫，別本所載亦甚略，今悉依建本

翟王使使至楚楚王欲夸之故饗客於章華之臺上上者三休而乃至其上楚王曰翟國亦有此臺乎使

者曰否翟寠國也惡見此臺也翟王之自爲室也堂高三尺壤陛三絫（累同潭本作曾）茆茨弗翦采椽弗刮且翟王猶以作之者大苦居之者大佚翟國惡見此臺也楚王媿（潭本自使者曰以下始有之以上脫）

君道　連語

紂作梏數千睨諸侯之不諂己者杖而梏之文王桎梏囚于羑里七年而後得免及武王克殷既定令殷之民投撤桎梏而流之於河民輸梏者以手撤之弗敢墜也跪之入水弗敢投也曰昔者文王獄常擁此故愛思文王猶敬其梏況于其法教乎（于建本作守）詩曰

濟濟多士文王以寧言輔翼賢正則身必安也又曰弗識弗知順帝之則言士民說其德義則效而象之也文王志之所在意之所欲百姓不愛其死不憚其勞從之如集詩曰經始靈臺庶民攻之不日成之經始勿亟庶民子來文王有志爲臺令近境之民聞之者裹糧而至潭本作令近規之民聞之者麏裹而至問業而作之日日以衆故弗趨而疾弗期而成命其臺曰靈臺命其囿曰靈囿謂其沼曰靈沼愛敬之至也詩曰王在靈囿麀鹿攸伏麀鹿濯濯白鳥皜皜王在靈沼於仞魚躍文王之澤下被禽獸洽于魚鱉故禽獸魚鱉潭本別本皆無

此五字建本有攸若攸樂而況士民乎詩曰愷悌君子民之父母言聖王之德也易曰鳴鶴在陰其子和之言士民之報也書曰大道亶亶其去身不遠人皆有之舜獨以之夫射而不中者不求之鵠而反脩之於己君國子民者反求之己而君道備矣

新書卷第七

新書卷第八

官人 連語

王者官人有六等一曰師二曰友三曰大臣四曰左右五曰侍御六曰廝役知足以爲源泉行足以爲表儀問焉則應求焉則得入人之家足以重人之家入人之國足以重人之國者謂之師一段建本逐段提行潭本連知足以爲礱礪行足以爲輔助仁足以訪議明於進賢敢於退不肖內相匡正外相揚美謂之友一段知足以謀國事行足以爲民率仁足以合上下之驩國有法則退而守之君有難則進而死之職之所守君不得

以阿私託者大臣也一段脩身正行不悺於鄉曲道語談說不悺於朝廷悺與作同別本上一悺字作懘智能不困於事業服一介之使能合兩君之驩執戟居前能舉君之失過不難以死持之者左右也一段不貪於財不淫於色事君不敢有二心居君旁不敢泄君之謀君有失過雖不能正諫以其死持之憔悴有憂色不勸聽從者侍御也一段柔色傴僂唯諛之行唯言之聽以睚眦之閒事君者廝役也一段此睚眦非怒視也蓋謂不出君之目前耳建本作睢眦潭本亦作眦皆未詳今從別本故與師爲國者帝與友爲國者王與大臣爲國者伯與左右爲國者彊與侍御爲國者若存

若亡與廝役爲國者亡可立待也取師之禮黜位而朝之取友之禮以身先焉取大臣之禮以皮幣先焉取左右之禮使使者先焉取侍御之禮以令至焉取廝役之禮以令召矣師至則清朝而侍小事不進建本無則字潭別本有友至則清殿而侍聲樂技藝之人不並見大臣奏事則徘優侏儒逃隱聲樂技藝之人不並奏左右在側聲樂不見侍御者在側子女不雜處故君樂雅樂則友大臣可以侍君樂燕樂則左右侍御者可以侍君開北房從薰服之樂則廝役從清晨聽治建本作清門治德疑訛罷朝而論議從容澤燕夕時開北房從所事

薫服之樂是以聽治論議從容澤燕矜莊皆殊序然後帝王之業可得而行也

勸學　連語

謂門人學者舜何人也我何人也夫啓耳目載心意從立移徙與我同性而舜獨有賢聖之名明君子之實而我曾無鄰里之聞寬徇之智者獨何與聞名譽著聞也讀爲問建本郎作問字寬裕徇通也郎徇齊之徇別本作窮巷之知非是然則舜僶俛而加志我儃僈而弗省耳夫以西施之美而蒙不潔則過之者莫不睨而掩鼻嘗試傅白黱黑榆鋏陂離嘗建潭本作嘗黱黛本字前匈奴篇作墨榆鋏疑是陝輸流靦貌芷若虿虻句有訛字芷建潭本

作芒訛此殆謂如香風之襲人耳良亟難解視益口笑佳態佻志佻與姚同美好貌從容爲說焉則雖王公大人孰能無悇憚養心而巔一視之今以二三子材而蒙愚惑之智智字訛弔恐遻之有掩鼻之容也昔者南榮趎莊子作趎跦與趎同淮南子作幬聲亦相近建本作趺潭本作佚皆訛醜聖道之忘乎己故步陟山川坌冐楚棘坌塵坌也別本作坌坌冐乃楚先君名此非也彌道千餘百舍重繭而不敢久息潭本百作里句絕舍作足屬下讀既遇老聃匽若慈父鴈行避景蘷立蚔進而后敢問見敎一高言若飢十日而得大牢焉是達若天地行生後世今夫子之達佚乎老聃而諸子之材不避榮趎避讓也別本作逮非而無千

里之遠重繭之患親與巨賢連席而坐對膝相視從容談語無問不應是天降大命以達吾德也吾聞之曰時難得而易失也學者勉之乎天祿不重

道術 連語

曰數聞道之名矣而未知其實也請問道者何謂也對曰道者所從接物也（建潭本從作道）其本者謂之虛其末者謂之術虛者言其精微也平素而無設施也（潭本施作儲）術也者所從制物也動靜之數也凡此皆道也曰請問虛之接物何如對曰鏡儀而居（潭本儀作義）無執不臧美惡畢至各得其當衡虛無私平靜而處輕重畢

懸各得其所明主者南面而正（句）清虛而靜（建潭本而正倒以正而清為句非也）令名自宜（句）命物自定（建潭本無宜字如則於命字為句）鑑之應如衡之稱有豐和之有端隨之物鞠其極而以當施之（潭本無當字）此虛之接物也（一段建本下提行今從潭本連下做此）

曰請問術之接物何如對曰人主仁而境內和矣（建潭本和作知訛）故其士民莫弗親也（潭本弗作非訛）人主義而境內理矣故其士民莫弗順也人主有禮而境內肅矣故其士民莫弗敬也人主有信而境內貞矣故其士民莫弗信也人主公而境內服矣故其士民莫弗戴也人主法而境內軌矣故其士民莫弗輔也（後一故字建潭

本作則舉賢則民化善使能則官職治英俊在位則主尊羽翼勝任則民顯操德而固則威立教順而必則令行潭本必字在令字下周聽則不蔽稽驗則不惶明好惡則民心化密事端則人主神術者接物之隊凡權重者必謹於事令行者必謹於言則過敗鮮矣此術之接物之道也也上別本有者字其爲原無屈其應變無極故聖人尊之夫道之詳不可勝述也一段

曰請問品善之體何如對曰親愛利子謂之慈反慈爲嚚子愛利親謂之孝反孝爲孽愛利出中謂之忠反忠爲倍心省恤人謂之惠反惠爲困別本作僭兄敬愛弟謂之友反友爲

驁（驁字無攷，別本作虐）弟敬愛兄謂之悌，反悌爲敖（建本作傲）。接遇愼容謂之恭，反恭爲媟。接遇肅正謂之敬，反敬爲嫚（建本作慢，別本作僈，皆同）。言行抱一謂之貞，反貞爲僞。期果言當謂之信，反信爲慢。衷理不辟謂之端，反端爲趽（何云當作跛。今案趽亦有曲義）。據當不傾謂之平，反平爲險。行善決衷謂之清，反清爲濁（建本作歛，潭本作歛，皆不可曉，或是汝字）。辭利刻謙謂之廉，反廉爲貪（潭本刻作該，訛）。兼覆無私謂之公，反公爲私。方直不曲謂之正，反正爲邪。以人自觀謂之度，反度爲妄。以己量人謂之恕，反恕爲荒。惻隱憐人謂之慈，反慈爲忍。厚志隱行謂之潔，反潔爲汰。施行得理謂之德反德爲怨放理潔靜謂之行反行爲汚功遂自却謂之退反退爲伐建潭本作戟厚人自薄謂之讓反讓爲冒心兼愛人謂之仁反仁爲戾行充其宜謂之義反義爲懜與懵同建潭本作懵訛剛柔得適謂之和反和爲乖潭本適作道訛合得密周謂之調反調爲盭戾同別本即作戾優賢不逮謂之寬反寬爲阨隘同包衆容易謂之裕反裕爲褊包舊訛色今以意定作包欣憮可安謂之熅反熅爲鷙憮字無攷當是和悅意熅當謂溫藉也一云烟熅亦和意安柔不苛謂之良反良爲齧緣法循理謂之軌反軌爲易襲常緣道謂之道反道爲辟廣較自斂謂之儉反儉爲侈潭本較建本作軙別本作輙皆未詳費弗

過適謂之節反節爲靡□□勉善謂之愼反愼爲怠空二字建本作弗勤別本作昒餵潭本作昒□皆訛或校改作僶勉就善亦意定耳思惡勿道謂之戒反戒爲傲潭本思作忠此傲當與警同放也與前反悌爲傲異深知禍福謂之知反知爲愚亟見窕察謂之慧反慧爲童窕音篠窕察深察也動有文體謂之禮反禮爲濫容服有義謂之儀反儀爲詭行歸而過謂之順反順爲逆而過疑誤舊校者改過作適建本作勉動靜攝次謂之比反比爲錯容志審道謂之僩反僩爲野辭令就得謂之雅反雅爲陋論物明辯謂之辯反辯爲訥纖微皆審謂之察反察爲旄與耄同潭本作眊誠動可畏謂之威反威爲圂臨制不犯謂之

嚴反嚴爲輾輾字無攷或校改輭義頗相近仁義脩立謂之任反任爲欺伏義誠必謂之節反節爲罷持節不恐謂之勇反勇爲怯信理遂惔謂之敢反敢爲搶惔或是銛字之訛銛者鋒銳與敢義近惔是恬惔疑非也志操精果謂之誠反誠爲殆克行遂節謂之必反必爲怛凡此品也善之體也所謂道也故守道者謂之士樂道者謂之君子知道者謂之明行道者謂之賢且明且賢此謂聖人潭本脫此句

六術 連語

德有六理何謂六理道德性神明命此六者德之理也六理無不生也已生而六理存乎所生之內是以

陰陽天地人盡以六理爲內度內度成業故謂之六法六法藏內變流而外遂外遂六術故謂之六行是以陰陽各有六月之節而天地有六合之事人有仁義禮智信之行行和則樂與樂興則六此之謂六行建本信作聖潭本作行和則樂與樂則六陰陽天地之動也不失六行故能合六法人謹脩六行則亦可以合六法矣然而人雖有六行微細難識唯先王能審之凡人弗能自至是故必待先王之教乃知所從事是以先王爲天下設教因人所有以之爲訓道人之情以之爲真是故內本六法潭本作內度六法外體六行以與詩書易春秋禮

樂六者之術以爲大義謂之六藝令人緣之以自脩脩成則得六行矣六行不正反合六法藝之所以六者法六法而體六行故也故曰六則備矣六者非獨爲六藝本也他事亦皆以六爲度聲音之道以六爲首以陰陽之節爲度是故一歲十二月分而爲陰陽陰陽各六月是以聲音之器十二鍾鍾當一月潭本重陰陽二字其六鍾陰聲六鍾陽聲聲之術律是而出故謂之六律聲之術潭本作六術六律和五聲之調以發陰陽天地人之清聲而內合六行六法之道舊人校云清聲一作情聲建本脫六行二字是故五聲宮商角徵羽唱和相應而調和調和而成

理謂之音句聲五也必六而備故曰聲與音六夫律之者爲測之也所測者六故曰六律人之戚屬以六爲法人有六親六親始曰父父有二子二子爲昆弟昆弟又有子子從父而昆弟故爲從父昆弟從父昆弟又有子子從祖而昆弟故爲從祖昆弟從祖昆弟又有子子從曾祖而昆弟故爲從曾祖昆弟曾祖昆弟又有子子爲族兄弟備於六此之謂六親親之始於一人世世別離分爲六親親戚非六則失本末之度是故六爲制而止矣六親有次不可相踰相踰則宗族擾亂不能相親是故先王設爲昭穆三廟以禁

其亂何爲三廟上室爲昭中室爲穆下室爲孫嗣令子各以其次上下更居句三廟以別句親疏有制句喪服稱親疏以爲重輕親者重疏者輕故復有麤衰齊衰大紅細紅緦麻備六大紅細紅郎大功小功也各服其所當服夫服則有殊此先王之所以禁亂也數度之道以六爲法數加於少而度出於居建本少作小非居疑當作多數度之始始於微細有形之物莫細於毫是故立一毫以爲度始十毫爲髮十髮爲氂十氂爲分十分爲寸十寸爲尺備於六故先王以爲天下事用也事之以六爲法者不可勝數也此所言六舊本有尺字衍以效事之盡

以六爲度者謂六理可謂陰陽之六節可謂天地之六法（建本法作事）可謂人之六行

道德説（連語）

德有六理何謂六理曰道德性神明命此六者德之理也諸生者皆生於德之所生而能象人德者獨玉也（建本象人訛倒）寫德體六理盡見於玉也各有狀（寫疑爲即象字）是故以玉効德之六理澤者鑑也謂之道腒如竊膏謂之德（腒潭本作倨下同竊膏下建本衍之理二字）湛而潤厚而膠謂之性康若濼流謂之神（建本濼作樂下同）光輝謂之明礐乎堅哉謂之命此之謂六理鑑生空竅而通之以道（句）德

生理通之以六德之華離[周禮形方氏無有華離之地華當讀如曲禮爲國君削瓜者華之之華今人語猶謂離絕爲華鄭康成讀爲瓜哨之瓜非也舊本華訛畢下同]狀六德者德之有六理理離狀也性生氣而通之以曉神生變而通之以化明生識而通之以知命生形而通之以定德有六美何謂六美有道有仁有義有忠有信有密此六者德之美也道者德之本也仁者德之出也義者德之理也忠者德之厚也信者德之固也密者德之高也六理六美德之所以生陰陽天地人與萬物也固爲所生者法也[者法也建本作法記訛今從潭本]故曰道此之謂道德此之謂德行此之謂行所謂行此者德

也是故著此竹帛謂之書書者此之著者也詩者此之志者也易者此之占者也春秋者此之紀者也潭本紀作記禮者此之體者也樂者此之樂者也祭祀鬼神爲此福者也博學辯議建本作義爲此辭者也此一段建本下提行但亦不一例今略爲分段而不提行道者無形平和而神道物有載物者畢以順理和適行故物有清而澤澤者鑑也鑑以道之神句模貫物形潭本模作摸別本又訛檴通達空竅奉一出入爲先故謂之鑑鑑者所以能見也舊本皆無見字今案下文補或能卽見之訛見者目也道德施物精微而爲目是故物之始形也分先而爲目目成也形乃從是以人及有因

之在氣莫精於目目淸而潤澤若濡無毳穢雜焉故能見也由此觀之目足以明道德之潤澤矣故曰澤者鑑也生空竅通之以道句德者離無而之有故潤則腒然濁而始形矣腒舊皆作倨今案建本前作腒從之故六理發焉六理所以爲變而生也所生有理然則物得潤以生故謂潤德德者變及物理之所出也未變者道之頌也道冰而爲德神載於德德者道之澤也道雖神必載於德而頌乃有所因以發動變化而爲變冰古凝字舊本下有一疑字當是舊校者不識冰之即凝故注一疑字作標記耳自爲德至變化而爲共三十二字潭本別本皆脫今從建本補入變及諸生之理皆道之化也各有條理

以載於德德受道之化而發之各不同狀德潤故曰如膏謂之德德生理通之以六德之華離狀一段性者道德造物物有形而道德之神專而爲一氣明其潤益厚矣濁而膠相連在物之中爲物莫生氣皆集焉故謂之性性神氣之所會也性立則神氣曉曉然發而通行於外矣與外物之感相應故曰潤厚而膠謂之性性生氣通之以曉一段神者道德神氣發於性也康若濼流不可物效也變化無所不爲物理及諸變之起皆神之所化也故曰康若濼流謂之神理生變通之以化一段舊本故曰下脫康字潭本有又明者之以舊本倒今案當與上下文一例

神氣在內則無光而爲知明則有輝於外矣有輝潭本作神輝外內通一則爲得失事理是非皆職於知故曰光輝謂之明明生識通之以知一段命者物皆得道德之施以生則澤潤性氣神明及形體之位分數度各有極量指奏矣奏疑與湊音義同此皆所受其道德非以嗜欲取捨然也其受此具也礐然有定矣不可得辭也故曰命命者不得毋生生則有形形而道德性神明因載於物形建本道德性下衍形字又神明下有命字潭本同今案亦衍文竝去之故礐堅謂之命命生形通之以定一段物所道始謂之道所得以生謂之德德之有也以道爲本故曰道者德之

本也一段德生物又養物則物安利矣安利物者仁行也（潭本作行仁也）仁行出於德故曰仁者德之出也一段德生理理立則有宜適之謂義義者理也故曰義者德之理也一段德生物又養長之而弗離也得以安利德之遇物也忠厚故曰忠者德之厚也一段德之忠厚也信固而不易此德之常也故曰信者德之固也一段德生於道而有理守理則合於道與道理密而弗離也故能畜物養物物莫不仰恃德此德之高故曰密者德之高也（潭本作故能物畜養養其不仰恃德建本唯畜養二字倒餘同舊人校改作故能畜物養物畜養而莫不仰恃德亦有脫字今更正之故曰以下八字舊本並脫亦從舊校本增）道而勿

失則有道矣舊本並脫上道字今增得而守之則有德矣行有無休則行成矣故曰道此之謂道德此之謂德行此之謂行之謂潭本倒今從建本德此之謂德舊本並脫今案當有或德此當作得此諸此言者盡德變變世者理也一段書者著德之理於竹帛而陳之令人觀焉以著所從事故曰書者此之著者也一段詩者志德之理而明其指令人緣之以自成也故曰詩者此之志者也一段易者察人之精德之理與弗句○與弗當依下文作與不潭本上有而字衍循而占其吉凶故曰易者此之占者也一段春秋者守往事之合德之理與不句○舊本與不上有之字舊人校刪合而紀其成敗以為來事師法故曰

春秋者此之紀者也一段禮者體德理而爲之節文成人事故曰禮者此之體者也一段樂者書詩易春秋禮五者之道備則合於德矣合則驩然大樂矣故曰樂者此之樂者也驩潭本作讙亦與歡通人能脩德之理則安利之謂福莫不慕福弗能必得而人心以爲鬼神能與於利害是故具犧牲俎豆粢盛齋戒而祭鬼神欲以佐成福故曰祭祀鬼神爲此福者也一段德之理盡施於人其在人也內而難見是以先王舉德之頌而爲辭語以明其理陳之天下令人觀焉垂之後世辯議以審察之以轉相告是故弟子隨師而問建本又有一受字潭

本空一字未雕今案問下本無缺字妄字係妄增去之博學以達其知而明其辭以立其誠故曰博學辯議爲此辭者也一段德畢施物物雖有之微細難識夫玉者眞德爲也別本之作知非爲舊本譌寫說見前六理在玉明而易見也玉舊本並作六誤是以舉玉以諭物之所受於德者與玉一體也受舊本並作愛誤

新書卷第八

新書卷第九

大政上

聞之於政也民無不爲本也國以爲本君以爲本吏以爲本故國以民爲安危君以民爲威侮吏以民爲貴賤此之謂民無不爲本也聞之於政也民無不爲命也國以爲命君以爲命吏以爲命故國以民爲存亡君以民爲盲明吏以民爲賢不肖此之謂民無不爲命也聞之於政也民無不爲功也故國以爲功君以爲功吏以爲功國以民爲興壞君以民爲彊弱吏以民爲能不能此之謂民無不爲功也聞之於政也

民無不爲力也故國以爲力君以爲力吏以爲力故夫戰之勝也民欲勝也攻之得也民欲得也守之存也民欲存也故率民而守而民不欲存則莫能以存矣故率民而攻民不欲得則莫能以得矣故率民而戰民不欲勝則莫能以勝矣潭本兩民不欲上皆有而字故其民之爲其上也接敵而喜進而不能止敵人必駭戰由此勝也夫民之於其上也接而懼必走去別本作接敵而懼退必走去戰由此敗也故夫菑與福也非粹在天也必在士民也粹與萃同別本作降建潭本必作又今從別本嗚呼戒之戒之夫士民之志不可不要也嗚呼戒之戒之行之善也粹以

爲福已矣行之惡也粹以爲菑已矣行之惡也上建本有嗚呼戒之戒之六字潭本但有戒之戒之别本無故受天之福者天不功焉功建本作以攻二字潭本但作攻今從别本祓天之菑則亦無怨天矣行自爲取之也知善而弗行謂之不明知惡而弗改必受天殃天有常福必與有德潭本作必與有明德天有常菑必與奪民時故夫民者至賤而不可簡也至愚而不可欺也故自古至於今與民爲讎者有遲有速而民必勝之知善而弗行謂之狂知惡而不改謂之惑故夫狂與惑者聖王之戒也而君子之愧也潭本無夫字嗚呼愧疑當作醜戒之戒之豈其以狂與惑自爲之建潭本作自爲分疑訛明君

而君子乎聞善而行之如爭聞惡而改之如讐然後禍菑可離然後保福也戒之戒之誅賞之慎焉故與其殺不辜也寧失於有罪也故夫罪也者疑則附之去已（已音以語辭下同）夫功也者疑則附之與已則此毋有無罪而見誅毋有有功而無賞者矣戒之哉戒之哉誅賞之慎焉故古之立刑也以禁不肖以起怠惰之民也是以一罪疑則弗遂誅也故不肖得改也故一功疑則必弗倍也故愚民可勸也是以上有仁譽而下有治名疑罪從去仁也疑功從予信也戒之哉戒之哉慎其下故誅而不忌賞而不曲不反民之罪而

重之不滅民之功而棄之故上爲非則諫而止之以道弼之（建本作紀之）下爲非則矜而恕之道而赦之彔而假之（潭本赦之作改之無下句）故雖有不肖民化而則之故雖昔者之帝王其所貴其臣者如此而已矣（建本下提行）人臣之道思善則獻之於上聞善則獻之於上知善則獻之於上夫民者唯君者有之爲人臣者助君理之（潭本助作其）故夫爲人臣者以富樂民爲功以貧苦民爲罪故君以知賢爲明吏以愛民爲忠故臣忠則君明此之謂聖王故官有假而德無假位有卑而義無卑故位下而義高者雖卑貴也位高而義下者雖貴必窮

嗚呼戒之哉戒之哉建本不重行道不能窮困及之建本下提行夫一出而不可反者言也一見而不可得揜者行也故夫言與行者知愚之表也賢不肖之別也是以智者慎言慎行以爲身福愚者易言易行以爲身菑故君子言必可行也然後言之行必可言也然後行之嗚呼戒之哉戒之哉行之者在身命之者在人此福菑之本也道者福之本祥者福之榮也無道者必失福之本不祥者必失福之榮故行而不緣道者其言必不顧義矣故紂自謂天王也桀自謂天子也已滅之後民以相駡也以此觀之則位不足以爲尊而

號不足以爲榮矣故君子之貴也士民貴之故謂之貴也故君子之富也士民樂之故謂之富也故君子之貴也與民以福故士民貴之故君子之富也與民以財故士民樂之故君子富貴也至於子孫而衰則士民皆曰何君子之道衰也數也不肖暴者禍及其身則士民皆曰何天誅之遲也夫民者萬世之本也不可欺凡居於上位者簡士苦民者是謂愚敬士愛民者是謂智夫愚智者士民命之也故夫民者大族也民不可不畏也故夫民者多力而不可適也（適與敵同）（潭本訛作過）嗚呼戒之哉戒之哉（建本不重）與民爲敵者民必

勝之建本訛作民必慎之潭本作未有勝之者也君能爲善則吏必能爲善矣吏能爲善則民必能爲善矣故民之不善也吏之罪也吏之不善也君之過也嗚呼戒之戒之故夫士民者率之以道然後士民道也率之以義然後士民義也率之以忠然後士民忠也率之以信然後士民信也故爲人君者其出令也其如聲士民學之其如嚮曲折而從君其如景矣嗚呼戒之哉戒之哉君鄉善於此則佚佚然協民皆鄉善於彼矣佚佚輕便之貌建本訛作失然今從潭本猶景之爲形也君爲惡於此則啍啍然協民皆爲惡於彼矣啍啍壯健之貌猶嚮之應聲也是以聖王

而君子乎是以，建本作故是以，別本作是故以，今從潭本。執事而臨民者日戒慎一日，則士民亦日戒慎一日矣。以道先民也。道者，聖王之行也；文者，聖王之辭也；恭敬者，聖王之容也；忠信者，聖王之教也。夫聖人也者，賢智之師也；建潭本無夫字，別本有之，是也。仁義者，明君之性也。故堯舜禹湯之治天下也，所謂明君也，士民樂之，皆即位百年然後崩，士民猶以爲大數也。桀紂，所謂暴亂之君也，士民苦之，皆卽位數十年而滅，士民猶以爲大久也。舊脫數字，今補。故夫諸侯者，士民皆愛之，則其國必興矣；士民皆苦之，則國必亡矣。故夫士民者，國家之所樹，而諸侯之所詳

本也不可輕也嗚呼輕本不祥實爲身殃戒之哉戒之哉

大政下

易使喜難使怒者宜爲君識人之功而忘人之罪者宜爲貴故曰刑罰不可以慈民簡泄不可以得士故欲以刑罰慈民辟其猶以鞭狎狗也雖久弗親矣故欲以簡泄得士辟其猶以弧怵鳥也雖久弗得矣案怵當與訹同誘也故夫士者弗敬則弗至故夫民者弗愛則弗附次故夫建本脫潭本有之故欲求士必至民必附惟恭與敬忠與信古今毋易矣渚澤有枯水而國無枯士矣舊本枯水

作枯木今案下云澤有無水國無無士則此處亦當作水故有不能求士之君而無不可得之士故有不能治民之吏而無不可治之民故君明而吏賢矣吏賢而民治矣故見其民而知其吏見其吏而知其君矣故君功見於選吏吏功見於治民故勸之其上者由其下而上睹矣此道之謂也故治國家者行道之謂國家必寧信道而不爲國家必空故政不可不慎也而吏不可不選也而道不可離也嗚呼戒之哉離道而災至矣建本此下提行無世而無聖或不得知也無國而無士或弗能得也故世未嘗無聖也而聖不得聖王則弗起也國未嘗無士也

不得君子則弗助也聖明則士闒飾矣（闒飾猶闒脩）故聖王在上位（潭本無上字）則士百里而有一人則猶無有也故王者衰則士沒矣故暴亂在位則士千里而有一人則猶比肩也故國者有不幸而無明君君明也則國無不幸而無賢士矣故自古而至於今澤有無水國無無士故士易得而難求也易致而難留也（潭本脫求也以下六字）故求士而不以道周徧境內不能得一人焉故求士而以道則國中多有之此之謂士易得而難求也故待士而以敬則士必居矣待士而不以道則士必去矣此之謂士易致而難留也王者有易政而

無易國有易吏而無易民故因是國也而爲安因是民也而爲治故湯以桀之亂氓爲治武王以紂之北卒爲彊故民之治亂在於吏國之安危在於政故是以明君之於政也慎之句於吏也選之然後國興也故君能爲善則吏必能爲善矣吏能爲善則民必能爲善矣故民之不善也失之者吏也故民之善者吏之功也故吏之不善也失之者君也故吏之善者君之功也是故君明而吏賢吏賢而民治矣故苟上好之其下必化之此道之政也夫民之爲言也瞑也萌之爲言也盲也瞑潭本作暝萌與氓同故惟上之所扶而以之

民無不化也故曰民萌民萌哉直言其意而爲之名也夫民者賢不肖之材也（材別本作杖同鬻子）賢不肖皆具焉故賢人得焉不肖者伏焉技能輸焉忠信飾焉（建潭本信作臣）故民者積愚也故夫民者雖愚也明上選吏焉（選鬻子作撰）必使民與焉故士民譽之則明上察之見歸而舉之（舉建潭本訛作譽今從別本鬻子同）故士民苦之則明上察之見非而去之（建潭本脫則字別本有）故王者取吏不妄必使民唱然後和之故夫民者吏之程也察吏於民然後隨之夫民至卑也使之取吏焉必取其愛焉故十人愛之有歸則十人之吏也百人愛之有歸則百人之吏也

千人愛之有歸則千人之吏也萬人愛之有歸則萬人之吏也故萬人之吏選卿相焉潭本故萬人之吏下有也字又別本選作撰鬻子作撰卿相矣夫民者諸侯之本也鬻子作卿相者諸侯之丞也故封侯之上秩出焉卿相者侯之本也教者政之本也道者教之本也有道然後教也有教然後政治也政治然後民勸之民勸之然後國豐富也故國豐且富然後君樂也忠臣之功也臣之忠者君之明也臣忠君明此之謂政之綱也故國也者行之綱然後國臧也故君之信在於所信所信不信雖欲論信也終身不信矣故所信不可不慎也事君之道不過於事父故不肖者之事父也

不可以事君事長之道不過於事兄故不肖者之事兄也不可以事長使下之道不過於使弟故不肖者之使弟也不可以使下交接之道不過於爲身故不肖者之爲身也不可以接友慈民之道不過於愛其子故不肖者之愛其子不可以慈民居官之道不過於居家故不肖者之於家也不可以居官（建潭本作故不可以居官故字衍）夫道者行之於父則行之於君矣行之於兄則行之於長矣行之於弟則行之於下矣行之於身則行之於友矣行之於子則行之於民矣行之於家則行之於官矣故士則未仕而能以試矣聖王選舉

也以爲表也問之然後知其言舊本問作言言作問訛今從舊人校本改謀焉然後知其極任之以事然後知其信故古聖王君子不素距人以此爲明察也潭本此下有已字國之治政在諸侯大夫士察之理在其與徒舊校本作察國之治在夫諸侯察士之理在其與徒疑非元文察之二字當重君必擇其臣而臣必擇其所與下臣字建潭本脫別本有建本又無其字故察明者賢乎人之辭潭本作故察明乎賢人之辭不出於室而無不見也察明者乘人不出其官而無所不入也故王者居於中國不出其國而明於天下之政何也則賢人之辭也不離其位而境內親之者謂之人爲之行之也行下建本別本皆無之字潭本有故愛

人之道言之者謂之其府出於肺府也故愛人之道行之者謂之其禮上句覆疑衍故忠諸侯者無以易敬士也忠君子者無以易愛民也諸侯不得士則不能興矣故君子不得民則不能稱矣故字可節則舊作而故士能言道而弗能行者謂之器能行道而弗能言者謂之用能言之能行之者謂之實潭本能言下之字作而故君子訊其器建本訊作詳疑是誶任其用乘其實而治安興矣嗚呼人耳人耳諸侯即位享國社稷血食而政有命國無君也命名之也官有政長而民有所屬而政有命國無吏也有所下建本有政字別本有攸字皆衍潭本空此字官駕百乘而食食千人政有命國

無人也何也君之爲言也考也或改爲道也當是依下文改故君也者道之所出也賢人不舉而不肖人不去此君無道也故政謂此國無君也吏之爲言理也故吏也者理之所出也上爲非而不敢諫下爲善而不知勸此吏無理也故政謂此國無吏也官駕百乘而食食千人近側者不足以問諫而由朝假不足以考度故政謂此國無人也嗚呼悲哉君者羣也無人誰據無據必蹶政謂此國素亡也

脩政語上

黃帝曰道若川谷之水其出無已其行無止故服人

新書　卷九

而不爲仇分人而不譐者其惟道矣（譐噂沓也）故播之於天下而不忘者其惟道矣是以道高比於天道明比於日道安比於山故言之者見謂智（潭本作見謂之智）學之者見謂賢守之者見謂信樂之者見謂仁行之者見謂聖人故惟道不可竊也不可以虛爲也故黃帝職道義經天地紀人倫序萬物以信與仁爲天下先然後濟東海入江內取綠圖西濟積石涉流沙登於崑崙於是還歸中國（潭本歸作居）以平天下天下太平唯躬道而已（潭本此下皆不提行）

帝顓頊曰至道不可過也至義不可易也是故以後

者復迹也故上緣黃帝之道而行之學黃帝之道而賞之加而弗損（建本作加弗損）天下亦平也

顓頊曰功莫美於去惡而爲善罪莫大於去善而爲惡故非吾善善而已也善緣善也非吾惡惡而已也惡緣惡也吾日愼一日其此已也

帝嚳曰緣道者之辭而與爲道已緣巧者之事而學爲巧已行仁者之操而與爲仁已（首一緣字建本脫潭本空此字別本有之兩與字別本亦作學案學皆當作與）故節仁之器以脩其躳而身專其美矣故上緣黃帝之道而明之學帝顓頊之道而行之而天下亦平矣（建本作也）

帝嚳曰德莫高於博愛人而政莫高於博利人故政莫大於信治莫大於仁吾慎此而已矣（建本作也）帝堯曰吾存心於先古加志於窮民痛萬姓之罹罪憂衆生之不遂也故一民或飢曰此我飢之也一民或寒曰此我寒之也一民有罪曰此我陷之也仁行而義立德博而化富（說苑君道篇富作廣）故不賞而民勸不罰而民治先恕而後行（說苑行作教）是以德音遠也是故堯教化及雕題蜀越撫交趾（潭本蜀上空一字）身涉流沙地封獨山西見王母訓及大夏渠叟（訓與馴同）北中幽都及狗國與人身而鳥面及焦僥（建本有而字）好賢而隱不遠強

於行而蓄於志率以仁而恕至此而已矣蓄謂植立也帝舜曰吾盡吾敬而以事吾上故見謂忠焉吾盡吾敬以接吾敵故見謂信焉吾盡吾敬以使吾下故見謂仁焉是以見愛親於天下之人而見歸樂於天下之民而見貴信於天下之君人建潭本作民訛建本脫中閒一句潭本有但無見字今增之與上下一例故吾詳取之以敬也吾得之以敬也潭本無下一句故欲明道而諭教雖以敬者爲忠必服之大禹之治天下也諸侯萬人而禹一皆知其體此當作國必更有其士萬人而禹一皆知其體一句今脫之矣故大禹豈能一見而知之也豈能一閒而識之也諸侯朝會而禹親報之故是

以禹一皆知其國也其士月朝而禹親見之故是以禹一皆知其體也然且大禹其猶大恐諸侯會則問於諸侯曰諸侯以寡人爲驕乎朔日士朝則問於士曰諸大夫以寡人爲泆乎其聞寡人之驕之泆耶潭本脫之泆二字而不以語寡人者此教寡人之㥀道也潭本無以字之字滅天下之教也故寡人之所怨於人者莫大於此也

大禹曰民無食也則我弗能使也功成而不利於民我弗能勸也故釁河而道之九牧釁與環同別本作環又道作導下同鑿江而道之九路說苑君道篇作通於九派灑五湖而定東海灑與

醜同疏也建本作澄潭本作登皆訛今從舊人校本與說苑君道篇同民勞矣而弗苦者功成而利於民也禹嘗晝不暇食夜不暇寢矣方是時也憂務故也故禹與士民同務故不自言其信而信諭矣故治天下以信爲之也

湯曰學聖王之道者譬其如日靜思而獨居譬其若火夫舍學聖之道而靜居獨思譬其若去日之明於庭而就火之光於室也然可以小見而不可以大知是故明君而君子貴尚學道而賤下獨思也故諸君子得賢而舉之得賢而與之譬其若登山乎得不肖而舉之得不肖而與之譬其若下淵乎故登山而望

其何不臨而何不見陵遲而入淵其孰不陷溺是以明君慎其舉而君子慎其與然後福可必歸菑可必去也（其與建本無其字末句潭本作然後福可必菑可去矣）

湯曰藥食嘗於卑然後至於貴藥言獻於貴然後聞於卑故藥食嘗於卑然後至於貴教也藥言獻於貴然後聞於卑道也故使人味食然後食者其得味也多若使人味言然後聞言者其得言也少（若字及聞下言字別本無今從建本說苑君道篇亦有言字）故以是明上之於言也（潭本上作主說苑作王）必自也聽之必自也擇之必自也聚之必自也藏之必自也行之（說苑自也皆作自他誤又衍二句）故道以數取之

爲明以數行之爲章以數施之萬姓爲藏說苑亦作藏字舊入校此改作臧是故求道者不以目而以心取道者不以手而以耳是故下建本有以字說苑止此致道者以言入道者以忠積道者以信樹道者以入故人主有欲治安之心而無治安之故者雖欲治顯榮也弗得矣故疑當作政又欲治下亦當有安字故治安不可以虛成也顯榮不可以虛得也故明君敬士察吏愛民以參其極非此者則四美不附矣

脩政語下

周文王問於鬻子曰敢問君子將入其職則其於民也何如潭本其於倒鬻子對曰唯句疑句請以上世之政

詔於君王政曰君子將入其職則其於民也旭旭然如日之始出也周文王曰受命矣建潭本皆有周字別本往往省去今不書出也曰君子既入其職則其於民也何若對曰君子既入其職則其於民也暯暯然如日之正中周文王曰受命矣曰君子既去其職則其於民也何若對曰君子既去其職則其於民也暗暗然如日之已入也故君子將入而旭旭者義先闓也既入而暯暯者民保其福也既去而暗暗者民失其教也周文王曰受命矣

周武王問於粥子曰寡人願守而必存攻而必得戰

而必勝則吾爲此柰何綿子曰唯攻守而勝乎同器而和與嚴其備也勝乎別本作戰乎故曰和可以守而嚴可以守而嚴不若和之固也和可以攻而嚴可以攻而嚴不若和之得也和可以戰而嚴可以戰而嚴不若和之勝也則唯由和而可也故諸侯發政施令政平於人者謂之文政矣諸侯接士而使吏禮恭於人者謂之文禮矣諸侯聽獄斷刑仁於治陳於行建本別本皆訛此從潭本其由此守而不存攻而不得戰而不勝者自古而至于今自天地之辟也未之嘗聞也自古而至于今二句必有衍今也君王欲守而必存攻而必得戰而必勝則唯

由此也爲可也周武王曰受命矣

周武王問於王子旦曰敢問治有必成而戰有必勝乎攻有必得而守有必存乎（建潭本攻上有而字潭本守上無而字今從別本）王子旦對曰有政曰諸侯政平於内而威於外矣君子行脩於身而信於輿人矣治民民治而榮於名矣故諸侯凡有治心者必脩之以道而與之以敬然後能以成也凡有戰心者必脩之以政而與之以義然後能以勝也凡有攻心者必結之以約而諭之以信然後能以得也（建潭本諭作論訛下同）凡有守心者必固之以和而諭之以愛然後能有存也周武王曰受命矣

師尚父曰吾聞之於政也曰天下壙壙一人有之壙與壙同別本作壙壙然非萬民藂藂一人理之藂與叢同故天下者非一家之有也有道者之有也故夫天下者唯有道者理之唯有道者紀之唯有道者使之唯有道者宜處而久之潭本無處字故夫天下者難得而易失也難常而易亡也故守天下者非以道則弗得而長也故夫道者萬世之寶也周武王曰受命矣

周成王年二十歲卽位享國案鄭注金縢武王崩時成王年十歲服喪三年畢成王十二卽位及周公歸政成王年二十二歲此處建本作二十或略與歸政之年或是十二之誤潭本別本並作六歲非也親以其身見於鬻子之家而問焉曰昔

者先王與帝脩道而道脩昔者建本作昔曰何氏寡曰帝字恐誤或作子寡人之望也亦願以教敢問興國之道柰何鬻子對曰唯疑請以上世之政詔於君王政曰興國之道君思善則行之君聞善則行之君知善則行之位敬而常之行信而長之則興國之道也周成王曰受命矣

周成王曰敢問於道之要柰何鬻子對曰唯疑請以上世之政詔於君王政曰爲人下者敬而肅爲人上者恭而仁爲人君者敬士愛民以終其身此道之要也周成王曰受命矣

周成王曰敢問治國之道若何鬻子曰唯疑請以上

世之政詔於君王政曰治國之道上忠於主而中敬其士而下愛其民故上忠其主者非以道義則無以入忠也而中敬其士不以禮節無以諭敬也下愛其民非以忠信則無以諭愛也故忠信行於民禮節諭於士道義入於上則治國之道也雖治天下者由此而已周成王曰受命矣

周成王曰寡人聞之有上人者有下人者有賢人者有不肖人者有智人者有愚人者敢問上下之人何以爲異粥子對曰唯疑請以上世之政詔於君王政曰凡人者若賤若貴若幼若老聞道志而藏之知道

善而行之上人矣聞道而弗取藏也知道而弗取行也則謂之下人也故夫行者善則謂之賢人矣行者惡則謂之不肖矣故夫言者善則謂之智矣言者不善則謂之愚矣故智愚之人有其辭矣賢不肖之人別其行矣上下之人等其志矣周成王曰受命矣

周成王曰寡人聞之聖王在上位使民富且壽云若夫富則可爲也若夫壽則不在天乎粥子曰唯疑請以上世之政詔於君王政曰聖王在上位則天下不死軍兵之事故諸侯不私相攻而民不私相鬬鬩不私相煞也故聖王在上位則民免於一死而得一生

矣故聖王在上別本無位字建本有聖王在上則君積於道而吏積於德而民積於用力故婦爲其所衣丈夫爲其所食則民無凍餒矣聖王在上則民免於二死而得二生矣聖王在上則君積於仁而吏積於愛而民積於順則刑罰廢矣而民無夭遏之誅別本作大過之誅故聖王在上則民免於三死而得三生矣聖王在上舊此句首亦有故字衍則使民有時而用之有節則民無厲疾故聖王在上則民免於四死而得四生矣故聖王在上則使盈境內興賢良以禁邪惡建本興上有以字故賢人必用而不肖人不作則已得其命矣故夫富且壽者聖王之功

也周成王曰受命矣

新書卷第九

新書卷第十

禮容語上 闕 雜事

禮容語下 雜事

魯叔孫昭聘于宋（昭下當有子字）宋元公與之燕飲酒樂昭子右坐歌終而語因相泣也樂祁曰過哉君（句）非哀所也（潭本君作茲）已而告人曰今茲君與叔孫其皆死乎（今茲謂今年也）吾聞之哀樂而樂哀皆喪心也心之精爽是謂魂魄魂魄已失何以能久且吾聞之主民者不可以媮媮必死今君與叔孫其語皆媮死日不遠矣居六月宋元公薨閒一月叔孫婼卒

晉叔向聘于周發幣大夫及單靖公靖公享之儉而敬賓禮贈賄同是禮而從句享燕無私送不過郊語說昊天有成命既而叔向告人曰吾聞之曰一姓不再興今周有單子以爲臣周其復興乎昔史佚有言曰動莫若敬居莫若儉德莫若讓事莫若咨資與咨同別本作咨今單子皆有焉夫宮室不崇器無蟲鏤別本作雕鏤國語作彤鏤儉也身恭除潔外內肅給敬也國語恭作聳肅作齊燕好享賜雖歡不踰等讓也賓之禮事稱上而差國語作放上而動資也若是而加之以無私重之以不侈國語作能辟欲雜也怨矣居儉動敬德讓事資而能辟怨以爲卿佐其有

不敢乎夫昊天有成命頌之盛德也其詩曰昊天有成命二后受之成王不敢康夙夜基命宥謐謐者寧也億也謐者潭本作宥謐案國語宥寬也密寧也此下全不同命者制令也基者經也勢也夙早也康安也后王也二后文王武王成王者此從宥謐逆詁而上訓命爲制令訓基又爲勢義頗未安后王也本無也字舊人校增武王之子文王之孫也文王有大德而功未就武王有大功而治未成及成王承嗣仁以臨民故稱昊天焉不敢怠安蚤興夜寐以繼文王之業布文陳紀經制度設犧牲使四海之內懿然葆德各遵其道故曰有成承順武王之功奉揚文王之德文舊亦作武今依校本改九

州之民四荒之國謌謠文武之烈絫九譯而請朝致貢職以供祀故曰二后受之方是時也天地調和神民順億鬼不厲祟民不謗怨故曰宥謐成王質仁聖哲能明其先能承其親不敢惰懈以安天下以敬民人今單子美說其志也以佐周室吾故曰周其復興乎故周平王既崩以後周室稍稍衰弱不墜當單子之佐政也天子加尊周室加興

晉之三卿郤錡郤犨郤至從晉厲公會諸侯于柯陵周單襄公在會晉厲公視遠步高郤錡見單子其語犯郤犨見其語訏（說文訏詭譌也國語作迂此訏義亦相近舊本作訏詭下同）郤

至見其語伐齊國佐見其語盡單襄公告魯成公曰晉將有亂其君與三郤其當之乎魯侯曰寡人固晉而彊其君潭本固作因今君曰將有亂敢問天道意人故也意與抑同國語作抑潭本意人倒今從建本對曰吾非諸史也諸史潭本作瞽史同國語焉知天道吾見晉君之容而聽三郤之語矣殆必有禍矣君子目以正體足以從之是以觀容而知其心今晉侯視遠而足高目不在體而足不步目其心必異矣體目不相從何以能久夫合諸侯國之大事也於是觀存亡之徵焉故國將有禍其君步言視聽必皆得適順善則可以知德矣視遠曰絕其義足

高曰弃其德言爽曰反其信聽淫曰離其名四曰字建潭本與宋本國語正同形雖橫闊而不開口即日字也今俗閒本並即改作曰夫目以處義足以踐德口以庇信耳以聽名者也潭本無夫字建本名作聲又也舊本矣今皆從國語改正故不可不慎也偏亡者有咎既亡則國從之今晉侯無一可焉吾是以云潭本作吾是以知其亡夫郤氏晉之寵人也是族在晉有三卿五大夫貴矣亦可以戒懼矣今郤伯之語犯郤叔訐郤季伐犯則凌人訐則誣人誣人與國語同建本誣訛無潭本作侮亦訛伐則揜人有是寵也而益之以三怨其誰能忍之齊國武子亦將有禍稱國武子與左傳石碏之稱陳桓公相類古人行文不盡拘也齊亂國也立於淫亂之

朝而好盡言以暴人過怨之本也惟善人能受盡言今齊既亂其能善乎居二年晉殺三郤明年厲公弑於東門是歲也齊人果殺國武子詩曰敬之敬之天惟顯思命不易哉毋曰高高在上陟降厥士日監在茲維予小子不聰敬止日就月將學有緝熙于光明佛時仔肩視我顯德行故弗順弗敬天下不定忘敬而怠人必乘之嗚呼戒之哉

胎教 雜事

易曰正其本而萬物理失之毫釐差以千里故君子慎始春秋之元詩之關雎禮之冠婚易之乾坤皆慎所[illegible]

始敬終云爾素成（二字目下之辭）謹爲子孫婚妻嫁女（大戴保傅篇婚作娶）必擇孝悌世世有行義者如是則其子孫慈孝不敢淫暴黨無不善三族輔之（不敢別本作不娶）故鳳凰生而有仁義之意虎狼生而有貪戾之心兩者不等各以其母（故下別本有曰字下亦同各以潭本作各由建本作各有今從大戴禮）嗚呼戒之哉無養乳虎將傷天下故曰素成胎教之道書之玉版藏之金櫃置之宗廟以爲後世戒（故下曰字建潭本皆無別本從大戴禮有）

青史氏之記曰古者胎教之道（何氏曰漢志有青史子五十三篇）王后有身七月而就蔞室（建潭本作十月案下云比三月者則此處當從大戴禮作

七月又蔞室大戴禮作宴室太師持銅而御戶左太宰持斗而御戶右太卜持蓍龜而御堂下諸官皆以其職御於門內比三月者王后所求聲音非禮樂則太師撫樂而稱不習撫樂大戴禮作縕瑟所求滋味者非正味則太宰荷斗而不敢煎調而曰不敢以待王太子潭本侍作待大戴禮同太子生而泣建本作立亦當讀爲泣太師吹銅曰聲中某律太宰曰滋味上某太卜曰命云某然後爲王太子懸弧之禮義義讀爲儀東方之弧以梧梧者東方之草春木也其牲以雞雞者東方之牲也南方之弧以柳柳者南方之草夏木也其牲以狗狗者南方之牲也中央之弧

以桑桑者中央之木也其牲以牛牛者中央之牲也西方之弧以棘棘者西方之草也秋木也其牲以羊羊者西方之牲也北方之弧以棗棗者北方之草冬木也其牲以彘彘者北方之牲也五弧五分矢東方射東方南方射南方中央高射潭本別本俱作中央射中央今從建本西方射西方北方射北方皆三射其四弧具其餘各二分矢懸諸國四通門之左中央之弧亦具餘二分矢懸諸社稷門之左然後卜王太子名上毋取於天下毋取於地建潭本作土今從別本與大戴同毋取於名山通谷別本句首有中字與大戴同毋悖於鄉俗是故君子名難知而易諱

也此所以養恩之道也建潭本無名字而字此所以字別本皆有與大戴同又恩字建潭本作隱別本作息正之禮者王太子無羞臣領臣之子也故謂領臣之子也身朝王者妻朝后之子朝王太子是謂臣之子也此段文訛誤難曉此正禮胎教也周妃后妊成王於身立而不跛坐而不差笑而不詛獨處不倨雖怒不罵胎教之謂也建潭本妃后別本從大戴作后妃差與蹉同建本訛譴潭本作詭或是跪字笑而不詛建本在坐字上又脫笑字潭本無此句別本與大戴下二句中間各有而字又罵作詈成王生仁者養之孝者繼之四賢傍之成王有知而選太公爲師周公爲傅前有與計而後有與慮也是以封於泰山而禪於梁父朝諸侯一天下由此

觀之主左右不可不練也主別本作立大戴禮作王

昔禹以夏王而桀以夏亡湯以殷王而紂以殷亡闔閭以吳戰勝無敵而夫差以之見禽於越文公以晉伯而厲公以見殺於匠麗之宮威王以齊彊於天下而簡公以殺於檀臺案威王在簡公之後而文如此敘古人行文多不拘大戴禮亦同穆公以秦顯名尊號而二世以劫於望夷之宮其所以君王同而功迹不等者所任異也故成王處襁褓之中朝諸侯周公用事也武靈王五十而弒於沙丘任李兌也建潭本脫武字別本有大戴禮同齊桓公得管仲九合諸侯一匡天下稱爲義主失管仲任豎刁而身死不

葬爲天下笑[別本賢刀下有狄牙二字卽易牙也大戴同]一人之身榮辱具施焉者在所任也故魏有公子無忌而削地復[別本有得字大戴同]趙任藺相如而秦兵不敢出安陵任周瞻而國獨立楚有申包胥而昭王復反[建潭本二字倒大戴同]齊有陳畢襄王得其國[陳畢卽田單別本襄王上亦有而字大戴無]由此觀之無賢佐俊士能成功立名安危繼絕者未之有也[建潭本脫名安危三字別本與大戴有]是以國不務大而務得民心佐不務多而務得賢者得民心而民往之得賢者而賢者歸之文王請除炮烙之刑而殷民從[建潭本從作徙]湯去張網者之三面而二垂至越王不頽舊冢而吳人服[頽舊

冢建潭本作遺久處遺乃隤之訛久即舊也處乃冢之訛或改爲臾久冢今此從別本與大戴同說苑亦云越王不隳舊冢而吳人服越王乃句踐也以其所爲順於人也故同聲則處異而相應意合則未見而相親賢者立於本朝而天下之士相率而趨之何以知其然也管仲者桓公之讐也建潭本無其字者字別本有大戴同鮑叔以爲賢於己而進之桓公己而進之四字建潭本脫別本有大戴同七十言說乃聽遂使桓公除仇讐之心而委之國政焉桓公垂拱無事而朝諸侯鮑叔之力也管仲之所以趨桓公而無自危之心者同聲於鮑叔也趨潭本作走別本從大戴作北走今從建本衞靈公之時蘧伯玉賢而不用彌子瑕不肖而任事史鰌患

之數言蘧伯玉賢而不聽病且死謂其子曰我即死治喪於北堂吾生不能進蘧伯玉而退彌子瑕是不能正君也（建潭本脫是字）生不能正君者死不當成禮死而置屍於北堂於我足矣（大戴而上無死字而汝也建潭本我作禮非）靈公往弔問其故其子以父言聞靈公戚然易容而寤曰吾失矣立召蘧伯玉而進之（建潭本無曰吾失三字又無之字別本皆有大戴進作貴餘同）召彌子瑕而退之徙喪於堂成禮而後去衛國以治史鰌之力也夫生進賢而退不肖死且未止又以屍諫可謂忠不衰矣紂殺王子比干而箕子被髮而佯狂陳靈公殺泄治而鄧元去陳以族徙自是

之後殷幷於周陳亡於楚以其殺比干與泄冶而失箕子與鄧元也燕昭王得郭隗而鄒衍樂毅自齊魏至於是舉兵而攻齊（潭本無而字）棲閔王於莒燕度地計衆不與齊均也然而所以能信意至於此者由得士故也故無常安之國無宜治之民得賢者顯昌失賢者危亡自古及今未有不然者也明鑑所以照形也往古所以知今也夫知惡古之所以危亡不務襲迹於其所安存（大戴古之下無所以二字下句所字下有以字）則未有異於却走而求及前人也（建潭本襲迹下無於字又異於上多以異何三字今皆從別本增刪）太公知之故國微子之後而封比干之墓夫聖人之

於聖者之死倘如此其厚也況當世存者乎其弗失可知矣建潭本作其弗可失矣

立後義 雜事

古之聖帝將立世子則帝自朝服昇自阼階上西鄉於妃潭本昇作升妃抱世子自房出東鄉太史奉書西上堂當兩階之間北面立曰世子名曰某者參參郎三字下同帝執禮稱辭命世子曰度太祖太宗與社稷於子者參建潭本帝作聖帝增衍二字今從別本別本度作授其命也妃曰不敢者再建潭本脫也字別本有於三命曰謹受命拜而退太史以告太祝太祝以告太祖太宗與社稷太史出以告太宰太

宰以告州伯，州伯命藏之州府。凡諸貴已下至於百姓，男女無敢與世子同名者（州伯二字建潭本不重，今從別本。諸貴下舊人校增人字，又名字亦舊脫，今校增），以此防民。百姓猶有爭爲君者，夫埶明則民定而出於一道，故人皆爭爲宰相而不姦爲世子，非宰相尊而世子卑也，不可以智求，不可以力爭也。今以爲知子莫如父，故疾死置後者恣父之所以（句），比使親戚不相親，兄弟不相愛（比語辭，孟子比天之所與我者，本書比物此志也，皆同。建潭本作此，非，今從別本），亂天下之紀，使天下之俗失（句），明尊敬而不讓（句），其道莫經於此（潭本明作開，案明字是，明知所當尊敬者而不肯讓也，今從建本。又經字訛，疑當作經）。疾死置後以嫡長子（建本作疾死致後復以驕長子衆致與置通復字衍驕字誤潭本空驕字餘同今從別本）如此則親戚相愛而兄弟不爭此天下之至義也民之不爭亦惟學王宮國君室也（書大誥亦惟在王宮邦君室此文所本）

殷湯放桀武王弒紂此天下之所同聞也爲人臣而放其君爲人下而弒其上天下之至逆也而所以有天下者以爲天下開利除害以義繼之也（別本繼作經）故聲名稱於天下而傳於後世隱其惡而揚其德美立其功烈而傳之於久遠故天下皆稱聖帝至治其道

之下當天下之散亂（至治下七字潭本作至秦爲不道五字）以彊凌弱衆暴寡智欺愚士卒罷弊死於甲兵老弱騷動不得所

治產業以天下之無天子也高皇帝起於布衣而兼有天下臣萬方諸侯爲天下辟興利除害寢天下之兵天下之至德也而天下莫能明高皇帝之德美定功烈而施之於後世也施下之字潭本無故天下猶行弊世德與其功烈風俗也夫帝王者莫不相時而立儀度務而制事以馴其時也馴猶順也欲變古易常者不死必亡此聖人之所制也惡民更之故拘爲書使結之也所以聞於後世也書潭本作古別本作言皆訛又結疑當作詰

傳雜事 建潭本皆連在卷後此傳本出漢書而多訛舛今但舉其甚者正之

梁太傅賈誼者雒陽人號賈生年十八以能誦詩書

屬文聞於郡中以能舊本訛而能河南守吴公聞其秀才召置門下甚幸愛此段建本多訛今從潭本孝文帝初立聞河南守吴公治平爲天下第一故與李斯同邑而嘗學事焉乃徵以爲廷尉廷尉乃言賈生少頗通諸家之書文帝召以爲博士是時賈生年二十餘最爲少每詔令議下諸老先生未能言賈生盡爲之對人人各如其意所出建本作謂諸生於是乃以賈生爲能孝文帝說之超遷一歲之中至太中大夫賈生以爲漢興至孝文帝二十餘年天下和洽建潭本衍而固二字漢書有宜字亦衍文當改正朔易服色制法度定官名興禮樂乃悉草具其事儀

服色上黃數用五爲官名悉更秦之法孝文帝初即位謙讓未遑也諸律令所更定及列侯悉就國其說皆自賈生發之於是天子議以賈生任公卿之位絳灌東陽侯馮敬之屬盡害之乃短賈生曰雒陽之年少初學雒陽之下漢書有人字專欲擅權紛亂諸事於是天子後亦疎之不用其言乃以賈生爲長沙王太傅賈生既辭往聞長沙卑溼又以適去意不自得及度湘水爲賦以弔屈原賈生爲長沙太傅三年有鴞蜚入賈生舍止於坐隅楚命鴞曰鵩賈生既以適居長沙長沙卑溼此數語既掇於前至此便不當再見自以爲壽不得長傷悼之

乃爲賦以自哀後歲餘賈生徵見此不成語但當云後歲餘徵入見孝文帝方受釐宣室上因感鬼神事見問鬼神之本賈生因極道所以然之意至夜半文帝前席旣罷曰吾久不見賈生自以爲過之今不及也居頃之拜賈生爲梁懷王太傅梁懷王文帝少子愛而好書故令賈生傅之文帝復封淮南厲王四子爲列侯賈生諫以爲患之興自此起矣賈生數上疏言諸侯或連數郡非古之制可稍削之文帝不聽漢書文帝思賈生之言分齊爲六分淮南爲三然則未嘗不聽也居數年懷王騎獵墮馬而死無後賈生傷爲傅無狀哭泣歲餘亦死賈生之死年三十三

矣及武帝舉賈生之孫二人至郡守而賈嘉最好學終其家漢書作世其家

新書卷第十

圖書在版編目（CIP）數據

新書 /（西漢）賈誼撰. -- 杭州 : 浙江大學出版社，2021.6（2025.3 重印）
（盧校叢編 / 陳東輝主編）
ISBN 978-7-308-21179-6

Ⅰ. ①新… Ⅱ. ①賈… Ⅲ. ①政書－中國－西漢時代 Ⅳ. ① D691.5 ② B234.21

中國版本圖書館 CIP 數據核字（2021）第 050341 號

新書
〔西漢〕賈誼 撰

叢書主編 陳東輝
責任編輯 蔡 帆
責任校對 王榮鑫
封面設計 項夢怡
出版發行 浙江大學出版社
（杭州市天目山路 148 號 郵政編碼 310007）
（網址：http://www.zjupress.com）
排　　版 杭州尚文盛致文化策劃有限公司
印　　刷 杭州捷派印務有限公司
開　　本 880mm×1230mm 1/32
印　　張 10.625
插　　頁 2
字　　數 116 千
印　　數 801—1400
版 印 次 2021 年 6 月第 1 版 2025 年 3 月第 2 次印刷
書　　號 ISBN 978-7-308-21179-6
定　　價 138.00 元

浙江大學出版社市場運營中心聯繫方式 （0571）88925591；http://zjdxcbs.tmall.com